SPORTS PERSPECTIVE SERIES

4

スポーツ文化論

相原正道/谷塚 哲 [著]

晃洋書房

は じ め に

読み進めればわかるシリーズの発行理由

高等教育機関における研究教育開発を促進させるため，スポーツ科学における知の創造および学生の理解度を向上させるため，「読みすゝめればわかる教科書——SPORTS　PERSPECTIVE　SERIES——」を創刊した．

ある経済学者とAO入試の面接官をしていた時に「数学の教科書ってすごいんやでぇ．読み進めればわかるねん」と言われ，なるほどと感嘆したことに端を発している．

なるほど，数学の数式のように整理され，理論的に順序だてて文章が構成されていれば非常に効率的だ．読み進めればわかる教科書をということで，SPORTS　PERSPECTIVE　SERIESの編集方針を「読みすゝめればわかる教科書」とした．読み進めれば理解できるようになる文章は大切だ．そのような文章を書ける人はごく一部の人に限られる．頭が整理されていて，なおかつ現代語に精通している人である．

理論派と称される方にありがちなのは，大学生への教育視点が抜けている点である．難解な日本語を多用しすぎるきらいがある．そういう教育者に限って，昔の大学生は学力が高かったと嘆くばかりである．例示が古過ぎて学生が知らないことが多いのはお構いなしである．もう１つ付け加えるならば，学生が知らないという反応を講義中に感じられない人である．当世風に言えば，空気読めない人である．大学生はいつだって現代の若者という新鮮な"今"という風を教室に吹き込んでくれる．この空気感こそが研究・教育者にとってこの上なく（イノベーション・創造性などにおいて）貴重なものだと考える．難解な理論を現代の大学生にわかるレベルまで整理して説明できるのも教育者としての力量が問われてくる部分だと思うのだが．こうした方々には，初心に立ち戻り教育研究をした方がよろ

しいとアドバイスしたいものである．

　ただ，学生にも度を過ぎた学生がいるのも事実であることもしかと明記しておきたい（笑）．

この本の構成

　本書において，第1章で，私（大阪経済大学　相原正道）が，オリンピック・パラリンピックの文化論について解説していく．先ず，クーベルタンが提唱した「オリンピズム」の成り立ちを語り，オリンピックにおける文化プログラムについて解説する．その後，クーベルタンの芸術競技にアイデアを説明し，万国博覧会の時代，芸術競技の時代，芸術展示の時代，文化プログラム（文化イベント）の時代と時代区分し説明していく．ロンドンにおける文化プログラムについて記述した後，英国政府におけるデザイン・イノベーションについて説明する．米国におけるデザイン経営を述べ，サイエンス経営からデザイン経営の時代が到来していることを詳細に記述した．デザイン経営が日本におけるアート市場を活性化させることを明記している．

　第2章以降は，東洋大学の谷塚哲先生が，スポーツ文化論について詳細に記述している．先ず，日本スポーツ界の方向性として，2020年東京オリンピック・パラリンピックの開催，1964年第18回大会のレガシー，2020年第32回大会のレガシーについて記述している．その後，スポーツ振興計画と総合型スポーツクラブ，スポーツ基本法とスポーツ権，第2期スポーツ基本計画，する・みる・ささえるスポーツ，スポーツの成長産業化についてまとめていく．第3章では，日本の企業スポーツとして，企業スポーツの台頭および苦難について，景気低迷によるオンワードオークスと西武プリンスラビッツの事例，プロスポーツの台頭について記述している．その後，企業スポーツの未来として，クラブ化などを提示し，企業スポーツへの期待としてまとめている．第4章・第5章・第6章では，プロ野球・Jリーグ・欧州のスポーツ文化を取り上げている．欧州のスポーツ文化では，ドイツに焦点を当て，戦後ドイツのスポーツ政策，フェライン，スポーツクラブお

よびクラブにある社会公益性を解説している.

　第7章では，総合型地域スポーツクラブの現状として，総合型地域スポーツクラブの全国展開，総合型地域スポーツクラブの法人化，営利と非営利，特定非営利活動促進法の施行，公益法人制度改革関連三法の施行を開設．私益・共益・公益の比較，法人税の優遇，助成金の活用および総合型地域スポーツクラブとスポーツ少年団の比較を経て，総合型地域スポーツクラブの自立について記述している．第8章では，体育・部活動のスポーツとして，体育とスポーツの語源，補欠制度，部活動問題，大学部活動改革について説明している．第9章では，スポーツ団体の不祥事として，スポーツ・インテグリティ，スポーツ事故の防止，スポーツにおける紛争解決，身近にあるスポーツ権の問題を説明している．第10章では，スタジアム・アリーナ改革，スポーツ経営人材の育成・活用，新たなスポーツビジネスの創造・拡大を説明し，問われるスポーツの意味を説いている．第11章では，日本のスポーツ文化として，欧州のスポーツ文化と日本のスポーツ文化を比較し，スポーツの果たすべき役割や意義，2020年以降に向けて私たちができることについて記述している．

スポーツの多様化，文化の多様化

　文化の概念は今日玉虫色である．クラシック音楽や美術，上質の演劇，一流の文学という文化．文化とは教養であり，教養人の身分証明書であり，レッテルでもあった．政治文化，愛の文化，役人文化，学術文化，ポップ文化，居酒屋文化，公共的な壁スローガンの文化も区別なく日本でも語られている．このように文化という言葉も多様化してきている．

　文化同様に，スポーツも多様化している．スポーツが世界の国々へ広まれば広まるほど，スポーツクラブとスポーツ連盟の数が増大し，スポーツをする人だけでなく，スポーツ競技に参加しなくても，「みる」や「ささえる」という形でスポーツに参加している人々が増えている．学校やスポーツクラブと並んでフィットネスクラブ，ボディービルジム，健康スタジオ，体操クラブ，スイミングスクール，

テニススクール，スポーツスクールが出現している．また，山や海などの自然を利用したハンググライダー，ヨット，サーフィン，登山，水泳，カヤック，カヌーをはじめ，降雪地ではアルペンとノルディックを含めたスキーやスノーボード，クロスカントリースキーを享受する人が増加している．旅行会社はスポーツ・ツーリズムとして商品提供している．多くの国ではスポーツが商品にもなっている．

　スポーツは経済の重要な要素となり，宣伝や国内ないし国際的なテレビ・プログラムに欠かせない存在になっている．スポーツがテレビ番組などのメディアにおいて重要な部分を占めているのは間違いない．信頼できる日刊紙が毎日のスポーツ面を失ってしまったら，魅力を失うだろう．また，各国の政府において，スポーツは教育政策，観光政策，健康政策，さらには，外交政策の手段として重要な役割を果たしてきた．

　しかし，スポーツが文化の部分であるか，あるいは，スポーツと文化を結びつけるのは何かといった疑問について，答えは決して明白ではない．というよりもむしろ，これに関する見解は長い間分かれていた．そして，この傾向は数年前より明らかに薄れたとはいえ，今日も続いている．

　スポーツは本当に文化の一部分なのか．スポーツを「文化財」と呼んでいいのだろうか．このことについては，たくさんの国で長い議論があった．スポーツが文化生活の一部分であることには，もはや反論の余地がないとしても，この議論はなおも続いている．本書がスポーツ文化を考える礎になればと切に願っている．八百万神が存在する日本ならば，スポーツ文化を上手に融合・発展させることができる国民性があるのではないだろうか．スポーツ文化の原理・原則論ではなく，実践の中にこそ融合・発展が生じるだろう．スポーツ文化の実践に基づく融合・発展に大いに期待している．

2019年 3 月
ラグビーワールドカップ2019における日本代表チームの活躍を期待して

相 原 正 道

◉ スポーツ文化論——目次

はじめに

1 オリンピック・パラリンピックにおける文化 ……………1

クーベルタンが提唱した「オリンピズム」／オリンピック競技大会はIOC
ミッション項目におけるわずか1／16に過ぎない大会！／オリンピックに
おける文化プログラム／クーベルタンの芸術競技のアイデア／万国博覧
会の時代／芸術競技の時代／芸術展示の時代／文化プログラム（文化イベ
ント）の時代／ロンドンにおける文化プログラム／英国政府のデザイン・
イノベーション／米国におけるデザイン経営／集中化・標準化・効率化
を求める工場制が教育システム設計へ／サイエンス経営からデザイン経
営へ／デザイン経営が日本のアート市場そのものを活性化

2 日本スポーツ界の方向性 ……………………19

2020年東京オリンピック・パラリンピックの開催／1964年第18回大会の
レガシー／2020年第32回大会のレガシー／スポーツ振興基本計画と総合
型地域スポーツクラブ／スポーツ基本法とスポーツ権／第2期スポーツ
基本計画／する・みる・ささえるスポーツ／スポーツの成長産業化

3 日本の企業スポーツ …………………………31

企業スポーツの台頭／企業スポーツの苦難Ⅰ　景気の低迷／オンワード
オークスと西武プリンスラビッツ／企業スポーツの苦難Ⅱ　プロスポー
ツの台頭／企業スポーツの未来Ⅰ　モデルの限界／企業スポーツの未来
Ⅱ　クラブ化／企業スポーツへの期待

v

4 日本のプロスポーツ：プロ野球 …………………… 41

プロ野球の始まり／親会社と球団の関係性／2004年球界再編問題／親会社からの脱却

5 日本のプロスポーツ：Jリーグ …………………… 49

Jリーグの理念と百年構想／企業からの脱却と地域密着／地域密着とは

6 ドイツのスポーツ文化 …………………… 57

ドイツのフェライン／ドイツのスポーツクラブ／ドイツのクラブにある社会公益性／新たな問題点／ドイツの戦後スポーツ政策

7 総合型地域スポーツクラブの現状 …………………… 63

総合型地域スポーツクラブの全国展開／総合型地域スポーツクラブの法人化／営利と非営利／特定非営利活動促進法の施行／公益法人制度改革関連三法の施行／私益・共益・公益とは／法人税の優遇／助成金の活用／総合型地域スポーツクラブとスポーツ少年団／総合型地域スポーツクラブの自立に向けて

8 体育・部活動とスポーツ …………………… 89

体育とスポーツの語源／補欠制度／部活動問題／大学部活動改革

9 スポーツ団体の不祥事 ················· 107

スポーツ・インテグリティ／スポーツ事故の防止／スポーツにおける紛争の解決／身近にあるスポーツ権の問題

10 2020年以降の日本のスポーツ界に向けて ··········· 115

スタジアム・アリーナ改革／スポーツ経営人材の育成・活用／新たなスポーツビジネスの創造・拡大／問われるスポーツの意味

11 日本のスポーツ文化 ················· 129

欧州のスポーツ文化と日本のスポーツ文化／スポーツの果たすべき役割や意義／2020年以降に向けて私たちができること

おわりに　　（135）
参考文献　　（141）

目　　次　　vii

1

sports culture
オリンピック・パラリンピックにおける文化

クーベルタンが提唱した「オリンピズム」

　近代オリンピックの父といわれるピエール・ド・クーベルタン男爵は，1863年1月1日，イタリア系フランス貴族の3男として生まれた．フランスの教育改革のため，外国視察へ行ったとき，英国のスポーツによる教育と米国の自由さに感銘を受けた．特に，1883年に英国のパブリックスクールを訪問した際に，青少年教育にスポーツが重要な役割を果たしていることに関心を持ち，1888年に最初の著書となる『イギリスの教育』を出版した．当時，欧州では，古代ギリシャ遺跡の発掘が相次ぎ，古代オリンピックへの関心が高まっていた．これらのことにヒントを得たクーベルタンは，古代オリンピックを復興させることを目指した．スポーツにより，心身ともに成長できることに着目し，それが世界平和を役立つと考えたのである．

　1894年6月，クーベルタンは欧州や米国における49のスポーツ組織の代表者を招いてパリ・アスレティック会議を開催した．その場でスポーツによる青年たちの国際交流は世界の平和に貢献すると主張し，オリンピックの復興を提唱した．この案は満場一致で可決され，国際オリンピック委員会（IOC）の設置や1896年に第1回大会をアテネで開催することなどを決定した［内海 2012］．クーベルタンは肉体と精神の調和のとれた発達が重要であると考え，オリンピックを復興させて，スポーツによる教育を確立させることを目指したのである．このようなクーベルタンの思い描いた理想を「オリンピズム」と呼ぶ．

「オリンピック憲章」の根本原則には次のように記されている.

　　1．オリンピズムは人生哲学であり，肉体と意志と知性の資質を高めて融
　　　合させた，均衡のとれた総体としての人間を目指すものである．スポー
　　　ツを文化や教育と融合させるオリンピズムが求めるものは，努力のうち
　　　に見出せる喜び，よい手本となる教育的価値，普遍的・基本的・倫理的
　　　諸原則の尊重などに基づいた生き方の創造である．
　　2．オリンピズムの目標は，スポーツを人間の調和のとれた発達に役立て
　　　ることにある．その目的は，人間の尊厳保持に重きを置く，平和な社会
　　　を推進することにある．

　ピエール・ド・クーベルタンは，スポーツを通じて心身を向上させ，さらに
は文化・国際など様々な差異を超え，友情，連帯感，フェアプレーの精神をもっ
て理解し合うことで，平和でよりよい世界の実現に貢献するビジョンを示した.
オリンピズムを広める活動をオリンピック・ムーブメントという.

　クーベルタンは，スポーツを取り入れた教育改革における推進者だった．そ
うしたオリンピックのあるべき姿（オリンピズム）を考えるとき，スポーツが持
つ価値の中核は人材育成にあると言える．スポーツを強くすると同時に，人間
を育てる教育が重要である．

　オリンピックというと，一般的に「スポーツの祭典」とみなされている．も
ちろん，そのこと自体は間違いではない．ただし，オリンピックは実は「文化
の祭典」でもある．

　オリンピック競技大会の開催にあたっては，「オリンピズム」という根本思
想に基づいて様々なオリンピック・ムーブメントが展開される．オリンピッ
クゲームという競技大会もその1つに過ぎない．オリンピズムとは，「スポー
ツによって心身ともに調和のとれた若者を育成し，ひいては平和な国際社会の
実現に寄与する」という教育的価値があり，平和希求である．広辞苑などの一
般辞書に掲載されていないので，学校教育で教えられる機会も少ない．オリ

ンピズムという言葉が初めて登場するのは，1894年7月のパリ会議の閉会式でクーベルタンがGreek Olympismという言葉を用いて演説した時だと言われている．1894年第1回アテネ大会に向け，クーベルタンはアテネ市民へ「Neo Olympism」（アテネ市民へのアピール）という演説でも「オリンピズム」という用語を使用している．オリンピズムの概念は，1991年にようやくIOCオリンピック憲章における根本原則として定義されている．

オリンピック競技大会はIOCミッション項目におけるわずか1／16に過ぎない大会！

IOCはこのオリンピック憲章にしたがって，オリンピズムの普及に努め，16項目に及ぶ役割を担っている．

IOCの16に及ぶミッション項目としては，① スポーツの倫理の普及，フェアプレーの精神と保持の反響力，② スポーツ競技大会，組織の支援，③ オリンピック競技大会の定期的開催，④ スポーツを人類に役立て平和推進活動への参画，⑤ オリンピック運動の連帯と独立性の保持，⑥ オリンピック運動に反するいかなる差別にも反対，⑦ 女性スポーツ振興（男女平等），⑧ アンチドーピング，⑨ 競技者の健康保持，⑩ スポーツや選手の政治的・商業主義的悪用に反対，⑪ スポーツ競技者の将来の保証，⑫ スポーツ・フォア・オール，⑬ 環境問題対策とサスティナブル・ディベロップメント，⑭ オリンピック競技大会のレガシーの継承，⑮ スポーツと文化および教育の連携支援，⑯ 国際オリンピック・アカデミーとオリンピック教育機関への支援，となっている．

「オリンピズム」という根本思想に基づいて様々な展開をするオリンピック・ムーブメントのゴールは，オリンピズムとその価値に応じて，スポーツを実践することで若者たちを教育し，それによって，平和でよりよい世界を構築することに寄与することと，オリンピック憲章において記載されている．なお，1994年のオリンピック100周年記念パリ会議で，スポーツと文化というオリンピズムの2本柱に，「環境」が追加されている．

第　1　章　オリンピック・パラリンピックにおける文化　　3

オリンピックにおける文化プログラム

　オリンピック競技大会の開催にあたっては，オリンピズムの普及を目指す観点から，スポーツ競技と同時に文化芸術の振興も重要なテーマとなっている．これが文化プログラム（Cultural Programme）と呼ばれている．IOCのオリンピック憲章における「第5章オリンピック競技大会」の「39 文化プログラム」にて，「OCOG（開催地の組織委員会）は少なくともオリンピック村の開村から閉村までの期間，文化イベントのプログラムを催すものとする．当該プログラムは，IOC理事会に提出し，事前に承認を得なければならない．」[1]と記述している．

　こうした背景のもと，近年になってIOCは文化プログラムを重視している．オリンピック・パラリンピック競技大会の「立候補都市」は，IOCから提示される質問項目に基づき「立候補ファイル」を策定する．オリンピック・パラリンピック開催のための全体計画であり，競技種目や競技会場のほか，開催による影響とレガシー，大会コンセプトと長期戦略との整合性など500以上の質問項目に回答する形式の書類がある．詳細な開催計画を説明する「立候補ファイル」をIOCに提出し，それを受けてIOCの評価委員会による現地評価調査を受けることになる．

　この立候補ファイルにおける文化プログラムの位置づけは，2012年度ではTheme17であったのに対して，2016年度からはTheme 2 に繰り上がり，大会全体のコンセプトに関連させて記述することが決められている．この変更はオリンピック全体における「文化プログラム」の重要性が高まったものと理解することができる．

クーベルタンの芸術競技のアイデア

　近代オリンピックの提唱者であるクーベルタンは，オリンピック復興の当初から古代オリンピアの祭典競技のように，スポーツと芸術の両方をオリンピック競技に取り入れたかったとされる．クーベルタンは「新しい1歩のすすめ，

オリンピアードを本来の美の姿に復旧する時が来た．オリンピアの偉大なる時代，……スポーツと調和して学術と文学がオリンピアの祭典競技を偉大なものにしていた．今後も同じ姿をしなければならない」[2]．特に，クーベルタンは儀礼という形でスポーツ競技を芸術と結びつける考えを温めていた．その考えは，より高尚な祝祭を生み出すためにスポーツと芸術および文化を結びつけること，および若者たちに精神と身体の調和のとれたトレーニングを施すという教育的な理念として構想されたものである．クーベルタンは，当初から抱いていた構想を実現するために1906年にパリでオリンピック改革会議を招集している．この会議は「芸術と文学によるオリンピアード改革Resounding collaboration by arts and letters in the renewal of the Olympiads」と称され，60名が参加し，その中には30人のアーティストが含まれていた［舛本 2002］．

　クーベルタンの芸術競技（アート・コンペティシャン）の構想は，「ミューズの5種競技」と呼ばれた建築，彫刻，絵画，文学および音楽の5部門で実施しようとするものであり，その題材はスポーツの理想を鼓舞するもの，あるいは直接スポーツに結びつけたものであった．芸術競技の受賞作品は大会期間中を通して展示または上演され，勝者はスポーツ競技の勝者と同じ表彰を受けた．作品は未公開のものでスポーツの概念を鼓舞するものとされた．彫刻だけは縦横幅80cmの制限ルールが設けられた．クーベルタンはこの芸術競技を1908年の第4回ロンドン大会から実施しようとしたが，準備期間不足のために失敗し，1912年の第5回ストックホルム大会から実施されることになった．したがって，1896年の第1回アテネから1908年の第4回ロンドン大会までの時期は，オリンピックに文化的要素がない時代であった．

万国博覧会の時代
　この時期のオリンピックは，国際博覧会に併せて開催されるスポーツイベントという性質があった．第2回のパリ，第3回のセントルイス，第4回のロンドンについては「同年に同都市で開催された博覧会の添え物に過ぎなかった」

第 1 章 オリンピック・パラリンピックにおける文化　5

［関口 2009］と評価されている．特に，第3回セントルイス大会については，「当初シカゴに決まっていた開催を万国博覧会にあわせてセントルイスへ半ば強引に変更させられた」［道重 2009］ものであった．そもそもクーベルタンは，19世紀にパリ万博から強い影響を受けて，オリンピックの開会式や授賞式等のセレモニーを取り入れた．その意味ではこの時期のオリンピックは，万国博覧会の時代ということができる．

芸術競技の時代

1912年の第5回ストックホルム大会から1948年の第14回ロンドン大会までの時期は，クーベルタンの強い要望があり，建築，彫刻，絵画，文学，音楽の5部門がオリンピック競技の1つである．「芸術競技」として実施されていた．具体的な5部門において，参加アーティストがスポーツを題材とした芸術作品を制作し，採点により順位を競うというものであった．しかし，一般のスポーツ競技においては，得点やタイム，距離などの達成値といった客観的な指標によって順位をつけることが可能であるのに対して，芸術作品について客観的な基準をもって採点を行うことは困難である．こうした理由から「芸術競技」は廃止された．

芸術展示の時代

1952年の第15回ヘルシンキ大会から1988年の第24回ソウル大会までの時期においては，オリンピックの公式なプログラムとして「芸術展示」が行われた．ここで日本人にとっても馴染み深い1964年の東京大会における芸術展示の事例を紹介しておく．1964年には「美術部門」で古美術4種目，「芸術部門」（パフォーミング・アーツ部門）で歌舞伎等6種目，計2部門10種目の芸術展示が開催された．

文化プログラム（文化イベント）の時代

1992年の第25回バルセロナ大会から第29回北京大会までは多彩な行事が行わ

れる文化プログラム（文化イベント）の時代へと変わっていく．バルセロナ大会
においては，太下 [2015]（**表1-1**）のとおり1988年から1992年までの間に様々な「文
化プログラム」が実施されており，オリンピック開催後のバルセロナの都市ブ
ランドの形成に大きなインパクトをもたらした．このようにバルセロナ大会に
おいて「文化プログラム」の位置づけが大きく変化した背景としては，冷戦終
了後にグローバル化が加速する世界情勢の中で，多文化理解の観点から「文化」
の重要性がより高まっていった点を指摘することができる．

　また，2004年の第28回アテネ大会の際には，2001年から4年間にわたり文化
プログラム「カルチュアル・オリンピアード（文化オリンピック）」が実施された．
カルチュアル・オリンピアードの企画・運営を目的として，2000年にアーツカ
ウンシル「ギリシャ文化機構（Hellenic Culture Organization）」が創設し，文化プ
ログラムにおいて，音楽・演劇・ダンス・パフォーマンス・オペラコンサート
などの舞台芸術から，展示，映画・文学など様々な文化イベントが開催された．
スポーツイベントと並ぶもう1つのオリンピックが実現できた．2004年のカル
チュアル・オリンピアード終了後に，ギリシャ文化機構は事業内容を再編成し，
ギリシャの現代文化・芸術の国際的振興へと役割をシフトし，様々なフィール
ドへその活動を展開している．

ロンドンにおける文化プログラム

　2012年ロンドン・オリンピックでは，文化プログラムの位置付けが極めて重
要なものへと変化してきた．ロンドン・オリンピック招致におけるカルチュ
アル，オリンピック担当であったJude Kellyは，Sportsという言葉を使わずに，
Cultureという言葉で活動を展開した．若者の特権はスポーツだけでなくむし
ろイマジネーションにこそあると語っている．

　スポーツ中心からもう1つの中核として文化の概念を明確化している．ス
ポーツ競技はロンドン中心で開催し，文化プログラムは英国全土で開催した．
件数，事業費，参加者数などの規模およびプログラムの多様性や内容から質量

表1-1　近代オリンピックにおける文化的要素の変遷

年代	大会	文化プログラムの概要
1896～1908	第1回アテネ（ギリシャ） ～第4回ロンドン（英国）	万国博覧会の時代
1912～1948	第5回ストックホルム（スウェーデン） ～第14回ロンドン（英国）	芸術競技の時代
1992～2008	第25回バルセロナ（スペイン） ～第29回北京（中国）	文化プログラムの時代
2012～	第30回ロンドン（英国）・ 第31回東京（日本）～	新しい文化プログラムの時代

(出所) 太下 [2015].

両面において過去にない圧倒的な水準であった.

　ロンドンの文化プログラムにおいて，5つの目標があった. ① 地球上で素晴らしいショー（オリンピック・パラリンピック）において，文化が重要な役割を果たすこと，② 一生忘れられないような体験を参加者に対して提供すること，③ 英国の類まれなる文化とクリエイティブ産業を，新たな観客に対して紹介すること，④ 英国の文化を世界中に発信すること，⑤ ロンドン2012フェスティバルに参加する機会をすべての人々に提供することである. ロンドン大会における文化プログラムの総事業費は，1億2622万ポンド（約222億円）という巨額なプロジェクトであり，演劇，音楽，ビジュアルアートなど，様々な分野のイベントなどが実施された. 総参加者数は4340万人に達した. 参加者のうち，ロンドン市内の参加者数は176万人であったのに対し，ロンドン市外の地域における参加者数は2580万人弱であった. ロンドン市内だけでなく，英国全土で展開されていたことが伺える（**表1-2, 表1-3**）.

英国政府のデザイン・イノベーション

　ロンドン大会における文化プログラムの背景には，英国政府の果たした役割が大きい. 1997年に発足したブレア政権は「クリエイティブ・ブリテン（創造

表1-2　London 2012 Festivalと文化プログラム全体の比較

項目	London 2012 Festival	文化プログラム全体
活動数	33,631件（18.9%）	177,717件
参加者	2,020万人（46.5%）	4,340万人
アーティスト数	25,000人（61.8%）	40,464人
新たな委嘱作品	2,127件（40.0%）	5,370件
事業費	6,300万£（49.8%）	1億2,662万£

（出所）太下［2015］.

表1-3　8つのナショナルプロジェクトの概要

名称	文化プログラム全体
Stories of World	英国内の59の博物館，図書館，文書館が2011年から2012年にかけて35件以上の展示を行うもので，英国図書館の展示 "Your Own Words" は，国内の若者が英国図書館で選んだ資料を図書館やオンラインで展示．たとえば，ミュージアムと若者たちを結びつけるため，（美術館にほど遠い）若者たちによるキュレーション展示会を開催した．現在もこうした取組みを継続している美術館がある．長期教育プログラムとなっている．
Somewhereto	素晴らしいクリエイティブなアイデアを持つ若者がそれを実現するために必要なスペースを見つける仕組み．自分のニーズに合ったスペースを探し出すことができるだけでなく，そのスペースは無料で利用できる．
Film Nation	Panasonicとクリエイティブ・イングランドによる14－25歳の若者を対象にしたショート・フィルム・コンテスト．2010年から3年間にわたりエントリーのあった439件のショート・フィルムの中から10部門において優秀作品を選び，賞を授与した．受賞作品はオリンピック会場で上映される栄誉を得た．
Discovering Places	英国中の隠れた名所や誰かに伝えたい話にまつわる場所などを英国国民に紹介し，英国の素晴らしさを発見・探求し，そこから何かを感じてもらおうというプロジェクト．25,000人を超える人が参加した．
Artists Taking the Lead	英国のアーツカウンシル主催のプロジェクト．アーティストとプロデューサーによって構成される独立委員会の選考により，パブリックアートなど合計12件の文化プログラムが選定され，委嘱制作された．
Unlimited	身体障がい者による芸術表現の可能性を開拓し，より高い水準に向上させることを目的としている．パラリンピックのオープニング・セレモニーと，その他26作品を委嘱した．ShapeとArts Adminという2つのNPOによって，現在もプログラムを継続している．

名称	文化プログラム全体
World Shakespeare Festival	シェイクスピアを国際的にアピールし，英国と世界の劇団との交流やコラボレーションを促進した．この中には，シェイクスピアの37の戯曲を35カ国の劇団が37の言語で演じる「Globe to Globe」プロジェクトも含まれている．
Sounds	BBC Proms, BBC Hackney, BT River of Music, Youth Music Voice, Music 20×12 Music Nationなどの国際的音楽プロジェクトの総称．

(出所) 太下 [2015].

的な英国) 構想」を掲げ，文化・メディア・スポーツ省（DCMS：現在のデジタル・文化・メディア・スポーツ省）を創設した．

　1997年から2001年まで文化・メディア・スポーツ省の大臣を務めていたクリス・スミスは，著書 *Creative Brain* の中で，科学や芸術，技術について古いイメージを超えていく必要があるという．

　2005年から2007年（ブレア政権第3期）は転換期といえ（**表1-4参照**），日本でいえば，文部科学省と経済産業省が一緒になって，英国が創造的な仕事が生まれる場所へと生まれ変わるための戦略を掲げ始めた時期である．2005年にデザイン・カウンシルの議長であるジョージ・コックスが，経済成長やイノベーションにデザインが大きな役割を果たすことを提言した「コックス・レビュー」を発表した．コックス・レビュー以降，デザインという言葉は公的な文書においてもイノベーションを創出する行為やプロセスを意味する言葉として使用され，企業や大学にも大きな影響を与えたと言われている［木村2018］．コックス・レビューが発表された2005年は，ロンドン大会（2012年）の招致が決定した年でもある．

　2007年にブレア政権と同じ労働党のブラウン政権が誕生すると，コックス・レビューを背景にクリエイティブ人材やデザイン人材を育成するための社会的基盤が整備されていく．イノベーションという言葉を冠にした省庁「イノベーション・大学・技能省 (DIUS)」が創設され，クリエイティブ産業に関わる戦略 "Creatibe Bratian；New Talents for the New Economy" を発表された．同年に，RCA（ロイヤル・カレッジ・オブ・アート）は，ビジネス，テクノロジー

表1-4　英国デザイン経営の発展史

年代	区分	党	政権	概要
1997〜2005	草創期	労働党	ブレア政権（第1・2期）	創造的な英国の実現にむけたビジョンが提示され，クリエイティブ産業の経済状況が可視化される．
2005〜2007	転換期	労働党	ブレア政権（第3期）	デザインセクター中心に，クリエイティブ産業と他の産業との協働を促す政策が実現できるようになる．
2007〜2010	進展期	労働党	ブラウン政権	構想は研究・教育現場に浸透し，創造性やクリエイティブ産業の役割を高めるための社会的基礎が整備される．
2010〜		保守党	キャメロン政権	クリエイティブ産業推進体制は継続される．

（出所）木村［2018］を基に筆者作成．

およびデザインの融合を可能とする「イノベーショントライアングル」人材の育成を目指すと発表している．同時期に，インダストリアル・デザイン・エンジニアリングコースを「イノベーション・デザイン・エンジニアリング」コースへ名称変更している．2008年には，ロンドン芸術大学が「イノベーションマネジメント」コース（修士）を設置した．大学においてもイノベーションが科学・技術・経済だけに関わる課題ではないことを象徴する動きといえる．

　2010年に13年ぶりに労働党から保守党へ政権が交代し，キャメロン政権が誕生した．ダイソンの創業者であるジェームス・ダイソンは保守党に対して，"Ingenious Britain（発明の才のある英国）" という提言を行う．その中で，科学技術そのものでなく，科学技術を評価できる文化の必要性を訴求している．保守党でもクリエイティブ産業への期待は継続され，2012年の英国におけるオリンピック・パラリンピック競技大会が開催された．

　こうした英国の政策的背景から，オリンピック・パラリンピック競技大会において，映画監督のダニー・ボイルが開会式を担当し，テクノバンド「アンダーワールド」が音楽監督を務めた．聖火台のデザインはトーマス・ヘザウィック

が担当し盛大な開会式が開催された.

米国におけるデザイン経営

米国でもデザイン経営が浸透している. 世界の時価総額の上位を占める"GAFA（Google,Apple,Facebook,Amazon）"といわれる企業は経営幹部にデザイナーを置き, そのデザイナーたちが研究開発や財務にも精通していて, デザイン目線で技術と経営をつなぐ重要な役割を演じている. 近年, IBMもエンジニア8人につきデザイナー1人を付ける人事制度を始め, 重要なプロジェクトには必ずデザイナーが参画している.

デザイン経営を推奨する米国機関デザイン・マネジメント・インスティテュートによると, デザイン経営を実践する企業の株価は2015年までの10年間でS＆P500種株価指数の銘柄全体と比べ2倍上昇している[3].

米国ではリーマンショック以降, ビジネススクールに応募する学生が減っているが, 企業がアートスクールに送り込む幹部候補社員の数は増加しているという. ビジネススクールが伸び悩む理由は, 経営学修士（MBA）が増え過ぎたことにある. 経営学や財務の理論, いわゆるサイエンスから導かれる解は1つということが多いが, 同じスキルを持ち, 同じ答えを出せる人が増えると「正解の陳腐化」現象が起き, 企業は差別化する手段を失ってしまう可能性がある. 一方, アートスクールで教えるのは美術などのリベラルアーツ（教養）である. 答えは感性や美意識によって導かれ, 人の数だけ存在すると言っても過言ではない. 企業にとっての差別化戦略に大いに役立つこととなる.

集中化・標準化・効率化を求める工場制が教育システム設計へ

本来, 経営戦略とデザイン戦略の両者は左脳と右脳, 理性と感性に例えられるほど正反対な性質をもつものだが, この相反するものを融合し成立させたならば俄然威力を発揮する. そもそも左脳思考と右脳思考を選択する必要性がいつごろから認識されるようになったのか, 歴史を辿ってみると, 教育システ

ムが確立した18世紀末から19世紀初頭までにさかのぼる．西洋では，伝統的に知識を科学・芸術・技術の３つに分けていた．18世紀は，世界中から集められた科学・芸術・技術についての知識が情報として広まることによって新しい文化や産業が生まれていった時代だった．産業革命による産業化が進んだことで，専門化が重要性を増していった．生産が急速に拡大し，新しい管理法が必要となった．工場制が生まれ，集中化・標準化・効率化が求められた．こうした工場制は教育システムの設計にも影響を及ぼした．労働市場のニーズを満たす制度が作られたのである．

　ニール・ヒンディ［2018］によると，学校では，未来の工場労働者を育成するため，生徒をひとまとめにして効率的で画一的な教育が施された．教室にいる生徒全員に同じ教科を同じ方法で教え，学力は相対評価された．生徒は適切なスキルと知識を身につけると良い成績が収められることができ，そうすれば，仕事につけることを知った．そして，仕事に励み，しかるべき時期に退職するのだ．生徒は分析的・直線的・実際的な思考を身につけると，よりよい人生が待っていることに気づいた．仕事で成功するには主要なスキルをマスターしておけばよい．そのスキルとは，分析・計画・細心の注意・熱心な仕事ぶり，そして常に規律正しいことであった．

　生徒が教室で学んだことは他にもあった．質問より答えが常に歓迎される．教室で教師に盾を突くと罰を受け，停学になることさえある．聞きたいことや言いたいことがあっても控えると，教師に目をかけられ，良い成績がつく．つまりきちんと仕事に就くことができるのである．

　工場制に基づいた教育システムにしたがい，産業化時代の従業員を育成してきた．その結果，産業は大いに発展した．しかし，同じスキルを持ち，同じ答えを出せる人が増えると「正解の陳腐化」現象が起き，企業は差別化する手段を失ってしまう．デジタル化によるグローバル化した市場経済および社会における変化の速度に対応できない．こうした時代に教育者は未だ画一的な方法で昔ながらの教育を行っている．

サイエンス経営からデザイン経営へ

経営に求められるものがサイエンスからアートへ変わってきている．理論・理性から感性・情緒へ，左脳から右脳へバランスの転換が起きている．分析的思考・データ・測定・実行の重要性を疑問視するわけではない．実行することで企業は成長し，大規模な国境を越えたグローバルな事業展開が可能となるからだ．ただし，左脳型手法に偏るのではなく，バランスの取れた転換が必要な時期が到来している．

通常，デザインというと，製品の形や色を意味することが多い．しかし，デザイン経営の場合，製品を市場に送り込む際，社会にどのようなインパクトを創り出していくかを戦略的に考えて動く，欧米では一般的な経営手法である．

日本では情報技術が進歩し，普及したデジタル時代において，技術や製品が革新的である「コト」よりも，そういった技術や製品を生み出す「人」の見方や考え方中心の議論が求められる．最近，日本でも「UI（ユーザーインターフェイス）」「UX（ユーザーエクスペリエンス）」といった言葉を耳にすることが増えたが，それらはどれもデザイン経営の1部分である．デジタル化は産業構造を変える好機であり，デザイン経営は産業競争力の強化につながる．日本も産官学でゲームチェンジを積極的に仕掛ける必要がある．

2018年5月，経済産業省と特許庁は「産業競争力とデザインを考える研究会」の報告書としてデザイン経営宣言を公表した．日本のレクサスインターナショナル，日産自動車，マツダなどの自動車産業では，経営の中枢に参画するデザイナー出身者が現れている．日本企業はインハウスデザイナー（正規雇用のデザイナー）を多く抱えている．その人材は，経営全体を変革するゲームチェンジャーとして重要な経営資源となる可能性がある．

デザイン経営が日本のアート市場そのものを活性化

筆者はデザイン経営の観点がアート市場そのものの活性化に通じるのではないかと考えている．世界のアート市場は，約6.6兆円といわれている．それに対し，

国内最大級の見本市を開く「アート東京」などの調査（2017年）によると，日本の美術市場は約2037億円と推定されている。[4] 世界に占める国内市場の割合は３％程度である．世界シェア３位の中国の20％に約７倍にも及ぶ差がある．国内総生産（GDP）の規模に比べて小さく，その分成長余地が大きいと考えられる．

このため，日本における美術市場の活性化が叫ばれて久しい．文化庁が2018年度からアート市場活性化事業に取り組むなど，国も市場の育成に本腰を入れ始めた．2022年度までの５年間で，日本人作家や作品の制作などを一覧できるデータベース構築や日本美術を海外に発信するアートフェア開催支援などを進める．美術館には作家と作品の国際的な評価につながる所蔵品の拡充などを求めている．

しかし，政府がアート市場に資金だけ投入するだけでは上手くいくわけがない．実際に，1970年代のアムステルダムでは，芸術家を呼び込もうと潤沢な予算で様々な支援策を用意したが，上手くいかなかった．

欧米では幼い頃から教育の中で美術館に出かけて一流の作品に親しむ機会が設けられている．日本も教育から見直さなければならない．日本人は美意識が高いのだが，相手に意見や感想を伝えるのが苦手だ．教育システムを左脳と右脳教育のバランスを求めることで新たなイノベーションを促進することが可能ではないだろうか．

東京オリンピック・パラリンピック競技大会組織委員会と大学連携協定を締結している大阪経済大学では，大阪市と共催で「Daikeidai Move For 2020」イベントを，日本で２回目，関西では初となるTOKYO2020文化オリンピアードイベントを2017年11月28日に開催している．ボッチャやノルディックウォーキングなどのスポーツ体験はもとより，目隠しをした参加者に対し効果音を流しながら読みかせる体験やスマートフォンの音楽アプリを演奏する体験などを通し，子供の集中力や感性を高める教授法を試みている．運営は大学生が主体となり，実施されている面からも学生に対する教育効果が高い．

東京オリンピック・パラリンピック競技大会はスポーツだけでなく，文化の

祭典でもある．日本の伝統文化の発信ばかりでなく，教育を含めた文化の創造こそが新しいオリンピックレガシーになると考える．新しい文化が国内外に広まれば，より経済効果を生み出すことが可能となり，イノベーションとなる．

　日本でイノベーションという言葉は，技術革新と訳されるが，英国が技術革新を必要としたのは1950・1960年代のことである．他国との競争が激化する中で，英国の企業が生き残るために発展させたものである．しかし，英国も日本同様，多くの社会的課題を抱えており，生き残る手段へと変わっていった．

　1980年代までのデザインは，製造業の競争力を高め，経済を成長させる役割を担っていた．1990年代以降になると，デザインの役割は経済的な課題を解決することへシフトしていき，2005年にコックス・レビューが発表されて以来，デザインという言葉は，公的な文書においてもイノベーションを創出する行為やプロセスを意味して使われ始めました．1997年の「クリエイティブ・ブリテン」は自然資源や機械，製造中心であった工業社会後の行政・企業・大学のあり方を問うものであり，今の日本が必要とする変化について考えるためのヒントが英国のデザイン経営には詰まっている．ロンドン・オリンピック・パラリンピック競技大会のレガシー，デザイン経営など日本はまだまだ学ぶべきことはある．アートにおける文化面からもオリンピック・パラリンピック競技大会を捉えて活用することを強く望んでいる．

付記

本章は、大阪経済大学共同研究費（2016〜2017年度）の助成を受けたものです。

注

1 ）IOC, "Olympic Charter In FORCE AS FROM 9 SEPTEMBER 2013", 2013,
　（＝JOC訳（2014）「オリンピック憲章2013年度版・英和対訳」（2013年 9 月 9 日から有効,
　p.1 − 95）（http://www.joc.or.jp/olympic/charter/，2018年 1 月28日参照），p.67.

2 ）IOC, Art competitions at the Olympic Games, IOC Department of Communications

and New Media Public Information, 1999, p.1.

3）『日本経済新聞』朝刊 6 面，2018年10月12日．

4）「Art Basel&UBS」「アート東京」「芸術と創造」の2017年の資料を元に日本経済新聞
　が作成．市場規模の推定方法などが異なる複数の調査を採用しているため，日本市場の
　数値は参考値である．『日本経済新聞』朝刊40面，2018年11月 3 日．

第　1　章　オリンピック・パラリンピックにおける文化　　17

2 sports culture
日本スポーツ界の方向性

2020年東京オリンピック・パラリンピックの開催

　2013年9月にアルゼンチンのブエノスアイレスで行われた国際オリンピック委員会（IOC）総会において，イスタンブール（トルコ），マドリード（スペイン）をおさえ，2020年オリンピック・パラリンピックの開催地が東京に決定した．東京では2度目の夏季大会の開催ということで，日本のスポーツ界は一層の盛り上がりをみせている．この2020年東京大会は，スポーツ，経済，そして復興など様々な意味を持つ大会と位置づけられており，オリンピックレガシー（遺産）という言葉が意味するように，この大会を開催したことがポジティブに後世に語り継がれなくてはならない．しかし現状ではオリンピック・パラリンピックにかかる経費負担の問題やスポーツ団体の不祥事等，ネガティブな問題も少なくない．

　オリンピックレガシーに関しては近年IOCが最も力を入れているテーマであり，オリンピック憲章には「オリンピック競技大会の有益な遺産を，開催国と開催都市に引き継ぐよう奨励する」[2]との記載がある．レガシーとは「より長い期間のポジティブな影響」[3]と考えられており，オリンピック・パラリンピックが開催されることで，その都市及び国に，良い影響が長期間にわたり続くことを意味している．レガシーには① スポーツ，② 社会，③ 環境，④ 都市，⑤ 経済の5つの分野があり，これらの分野により長い期間のポジティブな影響が[4]もたらされるよう期待されている（**図2-1参照**）．

2020年東京オリンピック・パラリンピックのレガシーとは，果たしてどのようなものなのだろうか．

表2-1　夏季大会年表（予定含む）

回	開催年	開催地（国）	回	開催年	開催地（国）
1	1896	アテネ（ギリシャ）	17	1960	ローマ（イタリア）
2	1900	パリ（フランス）	18	1964	東京（日本）
3	1904	セントルイス（アメリカ）	19	1968	メキシコシティ（メキシコ）
4	1908	ロンドン（イギリス）	20	1972	ミュンヘン（ドイツ）
5	1912	ストックホルム（スウェーデン）	21	1976	モントリオール（カナダ）
6	1916	ベルリン（ドイツ）→中止	22	1980	モスクワ（ソ連）
7	1920	アントワープ（ベルギー）	23	1984	ロサンゼルス（アメリカ）
8	1924	パリ（フランス）	24	1988	ソウル（韓国）
9	1928	アムステルダム（オランダ）	25	1992	バルセロナ（スペイン）
10	1932	ロサンゼルス（アメリカ）	26	1996	アトランタ（アメリカ）
11	1936	ベルリン（ドイツ）	27	2000	シドニー（オーストラリア）
12	1940	東京（日本）→返上	28	2004	アテネ（ギリシャ）
		ヘルシンキ（フィンランド）→中止	29	2008	北京（中国）
13	1944	ロンドン（イギリス）→中止	30	2012	ロンドン（イギリス）
14	1948	ロンドン（イギリス）→中止	31	2016	リオデジャネイロ（ブラジル）
15	1952	ヘルシンキ（フィンランド）	32	2020	東京（日本）予定
16	1956	メルボルン（オーストラリア）	33	2024	パリ（フランス）予定
	馬術のみ	ストックホルム（スウェーデン）	34	2026	ロサンゼルス（アメリカ）予定

表2-2　冬季大会年表（予定含む）

回	開催年	開催地（国）	回	開催年	開催地（国）
1	1924	シャモニー・モンブラン（フランス）	13	1980	レークプラシッド（アメリカ）
2	1928	サン・モリッツ（スイス）	14	1984	サラエボ（ユーゴスラビア）
3	1932	レークプラシッド（アメリカ）	15	1988	カルガリー（カナダ）
4	1936	ガルミッシュ・パルテンキルヘン（ドイツ）	16	1992	アルベールビル（フランス）
5	1948	サン・モリッツ（スイス）	17	1994	リレハンメル（ノルウェー）
6	1952	オスロ（ノルウェー）	18	1998	長野（日本）
7	1956	コルチナ・ダンペッツオ（イタリア）	19	2002	ソルトレークシティ（アメリカ）
8	1960	スコーバレー（アメリカ）	20	2006	トリノ（イタリア）
9	1964	インスブルック（オーストリア）	21	2010	バンクーバー（カナダ）
10	1968	グルノーブル（フランス）	22	2014	ソチ（ロシア）
11	1972	札幌（日本）	23	2018	平昌（韓国）
12	1976	インスブルック（オーストリア）	24	2022	北京（中国）予定

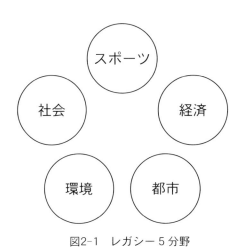

図2-1　レガシー5分野

（出所）IOC　Olympic　Legacy　Booklet2013.

第２章　日本スポーツ界の方向性

1964年第18回大会のレガシー

1964年，アジアでは初となる東京オリンピックの開催は，戦後日本が飛躍的に復興した姿を世界に知らしめる絶好の機会であり，また日本のスポーツ環境の整備，インフラの整備などスポーツのみならず，戦後東京の街づくりにも貢献した．国立競技場や代々木体育館，駒沢オリンピック公園一帯等のスポーツ施設をはじめ，社会インフラとして首都高速道路や新幹線が整備され，都内にはホテル等の建設が相次いで行われた．これらの影響もあり，日本はオリンピック景気（1962〜64年）から，いざなぎ景気（1965〜70年）へと続く好景気に突入したのである．

振り返れば1964年の東京大会は日本のスポーツのみならず，東京という街を作り，新しい日本の第1歩になったと言っても過言ではない非常に重要な大会だったと言えるだろう．

2020年第32回大会のレガシー

1964年とは全く時代背景の違う2020年東京大会の開催は，東京さらには日本にどのようなレガシー（遺産）を残すのだろうか．現代は満たされた時代である．インターネットの発達で私たちは手の中で世界各国の様々な情報をいち早く知ることができる．またスポーツ以外のエンターテインメントも充実し，私たちの趣味趣向，ライフスタイルの多様化が進んでいる．一方で少子高齢化や増え続ける医療費の問題等を抱え，他にも様々な問題に直面している．このような状況において開催されるオリンピック・パラリンピックにはどのような意味があるのだろうか．この疑問に答えるために公益財団法人東京オリンピック・パラリンピック競技大会組織委員会（以下「大会組織委員会」という）では，様々なステークホルダーが連携して，レガシーを残すため「アクション＆レガシープラン」と題して「スポーツ・健康」，「街づくり・持続可能性」，「文化・教育」，「経済・テクノロジー」，「復興・オールジャパン・世界への発信」の5本の柱を定めて動き出している（図2-2, 図2-3参照）．

【スポーツ・健康】

　アクション&レガシープランのスポーツ・健康分野に関することや，アスリートファーストの大会実現のための運営準備等についての具体的アクション，残すべきレガシーについて議論を進めています．

【街づくり・持続可能性】

　誰もが使いやすい都市空間，会場周辺のアクセシビリティ，持続可能な大会運営等，についての具体的アクション，残すべきレガシーについて議論を進めています．

【文化・教育】

　メディア芸術や伝統文化といった文化に係る具体的アクション，初等教育や高等教育等におけるオリンピック・パラリンピック教育の具体的アクション，それぞれの分野で残すべきレガシーについて議論を進めています．

【経済・テクノロジー】

　地域経済の活性化，情報通信技術や最先端テクノロジーの発信などについての具体的アクションやそれぞれの分野で残すべきレガシーについて議論を進めています．

【復興・オールジャパン・世界への発信】

　被災地での取組や，"日本らしさ"などの世界へ発信すべき事項について，具体的アクションや残すべきレガシーについて議論を進めています．

（出所）公益財団法人東京オリンピック・パラリンピック競技大会組織員会HPより抜粋．

　2020年東京大会は何でもある便利な時代に行われるオリンピック・パラリンピックの開催意義が問われる大会となるだろう．それは大会組織委員会や様々なステークホルダー，そして私たち国民も意識していかなければならない．大きくなる費用負担などの現実をふまえ，将来に向けて一層厳しい目で2020年東京大会を見ていかなければならないだろう．

図2-2　広がりのある取組を進めるための5本の柱

(出所) 公益財団法人東京オリンピック・パラリンピック競技大会組織委員会HP.

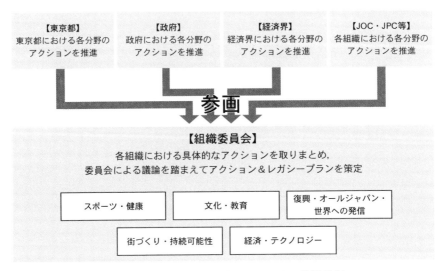

図2-3　アクション&レガシーのための連携体制

(出所) 公益財団法人東京オリンピック・パラリンピック競技大会組織委員会HP.

スポーツ振興基本計画と総合型地域スポーツクラブ

1961年に施行されたスポーツ振興法[5]を根拠に，2000年文部科学省はスポーツ振興基本計画を発表した[6]．この計画には「1．スポーツの振興を通じた子どもの体力の向上方策」「2．地域におけるスポーツ環境の整備充実方策」「3．我が国の国際競技力の総合的な向上方策」の3つの方策が掲げられ，2000年以降の新しい日本のスポーツの形が描かれていた．特に「2．地域におけるスポーツ環境の整備充実方策」において「総合型地域スポーツクラブ」の創設が明記されたことにより，新しい日本のスポーツ文化の幕開けとなった．

総合型地域スポーツクラブとは欧州，特にドイツのスポーツ文化を参考にして考えられており，以下の特徴を持つ地域住民が主体性を持って運営する地域スポーツクラブである[7]．現在，全国に創設され私たちの身近なコミュニティとして活動している．

〔総合型地域スポーツクラブの特徴〕

ア　複数の種目が用意されている．

イ　子どもから高齢者まで，初心者からトップレベルの競技者まで，地域の誰もが年齢，興味・関心，技術・技能レベル等に応じて，いつまでも活動できる．

ウ　活動の拠点となるスポーツ施設及びクラブハウスがあり，定期的・継続的なスポーツ活動を行うことができる．

エ　質の高い指導者の下，個々のスポーツニーズに応じたスポーツ指導が行われる．

オ　以上について，地域住民が主体的に運営する．

（出所）文部科学省HPスポーツ振興基本計画より抜粋．

スポーツ基本法とスポーツ権

スポーツ振興基本計画は10年間という時限的なものであったため，2011年には1964年のスポーツ振興法を大リニューアルした新しい日本のスポーツ施策の

根拠となるスポーツ基本法が施行された.

　スポーツ基本法の施行においては「スポーツ権」という言葉が話題となった.
欧州のスポーツ先進諸国では「体育・スポーツの実践は,全ての人にとって基
本的権利である.」(1978年ユネスコ総会:体育・スポーツ国際憲章第1条)を根拠とし,
昔からスポーツは人々の権利であると考えられてきた.　一方,日本のスポー
ツは,日本国憲法第13条(個人の尊重・幸福追求権),第25条(国民の生存権・国の
社会保障的義務),第26条(教育を受ける権利・教育の義務)などの条文から,基本的
人権として考えらてきたが,スポーツ権を直接保障する明記はなかった.　そこ
で2011年施行のスポーツ基本法では,その前文に「スポーツを通じて幸福で豊
かな生活を営むことは,全ての人々の権利」及び第2条基本理念に「スポーツ
は,これを通じて幸福で豊かな生活を営むことが人々の権利」と明記したこと
により,スポーツをする権利(スポーツ権)に注目が集まったのである.

　　スポーツ基本法(前文)抜粋
　　スポーツを通じて幸福で豊かな生活を営むことは,全ての人々の権利であり,全
　　ての国民がその自発性の下に,各々の関心,適性等に応じて,安全かつ公正な環
　　境の下で日常的にスポーツに親しみ,スポーツを楽しみ,又はスポーツを支える
　　活動に参画することのできる機会が確保されなければならない.(傍点筆者,以下同)

　　スポーツ基本法(基本理念)抜粋
　　　第2条　スポーツは,これを通じて幸福で豊かな生活を営むことが人々の権
　　利であることに鑑み,国民が生涯にわたりあらゆる機会とあらゆる場所において,
　　自主的かつ自律的にその適性及び健康状態に応じて行うことができるようにす
　　ることを旨として,推進されなければならない.

　さらにスポーツ基本法第5条では,私たちのスポーツ権の実現のために,ス
ポーツ団体に対してスポーツを行う者の権利利益の保護を求めている.　本条の
ポイントは「スポーツ団体」とその対象を広く捉えているところにある.　対象

をスポーツ団体としたことでオリンピック・パラリンピック関連団体や競技統括団体等の大きな団体だけの話ではなく，地域のスポーツ団体等においてもスポーツを行う者の権利利益の保護を意識しなければならない．地域のスポーツ協会や連盟，さらには少年団や総合型地域スポーツクラブにまで，私たちのスポーツをする権利を意識しなければならないということなのである．

　　スポーツ基本法（スポーツ団体の努力）
　　　第５条　スポーツ団体は，スポーツの普及及び競技水準の向上に果たすべき重要な役割に鑑み，基本理念にのっとり，スポーツを行う者の権利利益の保護，心身の健康の保持増進及び安全の確保に配慮しつつ，スポーツの推進に主体的に取り組むよう努めるものとする．
　　　　２　スポーツ団体は，スポーツの振興のための事業を適正に行うため，その運営の透明性の確保を図るとともに，その事業活動に関し自らが遵守すべき基準を作成するよう努めるものとする．
　　　　３　スポーツ団体は，スポーツに関する紛争について，迅速かつ適正な解決に努めるものとする．

　このスポーツ基本法第５条に記載されている内容は，言うなればスポーツ団体のガバナンス（組織の統治），コンプライアンス（法令遵守）の話である．スポーツ基本法の施行により一般社会同様，スポーツ団体にもこのような責任が求められる時代となったと解釈することができる．

第２期スポーツ基本計画

　2012年にはスポーツ基本法の理念を具体化し，今後の日本のスポーツ施策の具体的な方向性を示すものとして，国，地方公共団体及びスポーツ団体等の関係者が一体となって施策を推進していくための重要な指針「スポーツ基本計画」が発表された．この計画は概ね５年で見直され，現在では2017年４月から５年間の施策として第２期スポーツ基本計画が発表されている．

第　２　章　日本スポーツ界の方向性　　27

〔第2期スポーツ基本計画4つの指針〕
（1）スポーツで「人生」が変わる！
（2）スポーツで「社会」を変える！
（3）スポーツで「世界」とつながる！
（4）スポーツで「未来」を創る！

(出所) スポーツ庁［2017］.

この5年間（2017～22年）には，2019年ラグビーワールドカップ，2020年東京オリンピック・パラリンピック，2021年ワールドマスターズゲームズ（関西）という3つの世界的スポーツイベントが開催されるため，第2期スポーツ基本計画は，大変重要な計画であるといわれている（図2-4参照）．

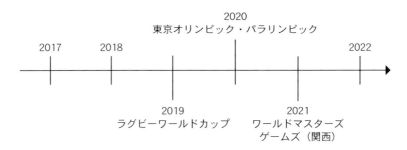

図2-4　「ゴールデンスポーツイヤーズ」

する・みる・ささえるスポーツ

第2期スポーツ基本計画では，スポーツ参画人口を増やすために，スポーツを「みる」「する」「ささえる」の3つの側面から捉えている（図2-5）．スポーツは「する」だけでなく，応援などの「みる」，さらにその運営に参画し「ささえる」こともスポーツであると定義することで，スポーツ参画人口を増やそうとしている．

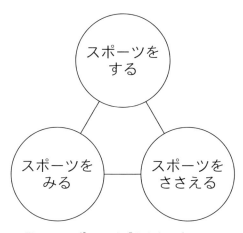

図2-5　スポーツは「みんなのもの」
（出所）スポーツ庁［2017］より筆者が編集.

スポーツの成長産業化

　第2期スポーツ基本計画では，スポーツの産業化，いわゆるスポーツビジネスに対しても大きな期待が込められている．2012年現在の日本のスポーツ産業規模は約5.5兆円と言われ，[8]これを2020年には10兆円，さらに2025年には15兆円の産業規模にすることを目標に掲げており（図2-6参照），この目標を達成するための施策として①スタジアム・アリーナ改革，②スポーツ経営人材の育成・活用，③新たなスポーツビジネスの創造・拡大を挙げている．

　日本のスポーツ界では長らくスポーツで稼ぐことを悪と捉える傾向が強かった．それはスポーツが教育の中に組み込まれていたからであると考えられている．しかし欧州のサッカーやアメリカの5大スポーツ（MLB，NBA，NFL，NHL，MLS）が莫大な収益をあげ，その恩恵をスポーツ界全体が享受していることを考えれば，日本のスポーツ市場も今後さらに大きくなることで，日本スポーツ界全体がその恩恵を享受することができる．プロ野球やJリーグなどのプロスポーツリーグの発展やオリンピック・パラリンピック，サッカーワールドカッ

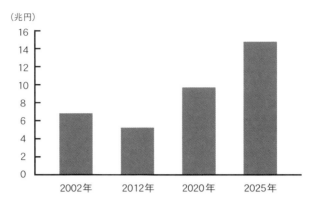

図2-6　スポーツ市場規模の推移

（出所）スポーツ庁［2017］より筆者が編集．

プなどの世界規模の大会の開催，さらにスポーツに関連した新しいビジネスの創造など，今後ますます日本のスポーツビジネスの発展が期待されている．これからは「スポーツで稼ぐ時代」がやってくるのである．

注
1）第１回目は1964年の第18回大会．
2）オリンピック憲章Olympic Charter2015年版・英和対訳〔2015年８月２日から有効〕第１章オリンピック・ムーブメント２「IOCの使命と役割14」．
3）IOC, "Olympic Games：Legacies and Impacts 2014"．
4）IOC, "Olympic Legacy Booklet 2013"．
5）スポーツ振興法の目的：この法律は，スポーツの振興に関する施策の基本を明らかにし，もつて国民の心身の健全な発達と明るく豊かな国民生活の形成に寄与することを目的とする．
6）スポーツ振興法第４条．
7）スポーツクラブといっても民間のフィットネスクラブやスイミングの様なものではなく，少年団やママさんバレーなど地域のスポーツ団体の集合体の様なもの．
8）2002年は約７兆円規模．

3

sports culture

日本の企業スポーツ

企業スポーツの台頭

　企業スポーツとは世界的に見れば珍しいシステムである．それはオリンピック・パラリンピックなど世界大会を目指すレベルのものもあれば，あくまでも従業員の部活動レベルのものまで幅が広い．2000年前後には不景気の影響を受け，企業スポーツの休廃部といった不名誉な言葉が流行し，またプロスポーツの台頭や選手のプロ化により，企業スポーツの現状は今でも厳しい状況を強いられている．そもそも企業はなぜスポーツを支援するのだろうか．この根本的な理解なしに，今後の企業スポーツを考えることはできないだろう．

　企業がスポーツを支援する理由にはいくつかあるが，その1つに従業員の健康増進などの福利厚生，また企業忠誠心の醸造などがその理由として挙げられてきた．現在のようにオリンピックを目指すような感覚とは少し違い，企業スポーツのはじまりはあくまでも企業内部における従業員のためのものであった．当時の日本の産業は重工業や紡績を中心とする繊維産業が働き手を必要とし，若い働き手が全国から各地の工場に集まった．これら若者の生活を律し，仲間意識や企業忠誠心を高揚させるため，また彼らに企業アイデンティティを培うための方法としてスポーツは最適な方法であった．特に男性であれば当時から人気のあった野球，女性であればバレーボールなどの種目が好んで行われ，都市対抗野球大会や実業団女子バレーボールリーグなどは企業スポーツの花形であった．戦後，日本の驚異的な経済成長の一端には，この企業スポーツという

システムが貢献していたと言えるだろう．

　1960年代に入るとテレビ時代の幕開けとともに，企業スポーツに新しい役割が加わってくることになる．それは急激な経済成長によって国民生活が潤い，大量生産，大量消費社会の中で企業スポーツはテレビを通じた広告媒体の役割を担うようになり，企業イメージを向上させるためのツールとなった．無論，チームの成績が広告効果や企業イメージの向上において効果的であるため，各企業は次第に勝利を求めるようになり，チームの強化に舵を切る企業が増えていった．外国人選手の獲得などもその1例である．しかしチームが強化され世間の関心が高まるにつれ，企業内では従来の従業員のためのスポーツではなく，企業ロゴを背負ったトップアスリートのためのスポーツに変わり，次第に従業員たちの関心は薄れていくことになったのである．従業員からすれば一緒に仕事をしてきた仲間がスポーツも頑張っているからこそ応援するのであって，ただ勝つためだけに来たアスリートがやっているスポーツに関心を持てなくなるのは自然の流れである．このように企業にとっては広告宣伝としての新しい期待が高まる一方で，従来の企業内における福利厚生や企業忠誠心の醸造といった役割は徐々に失われていったのである．

企業スポーツの苦難I　景気の低迷

　1980年代は企業スポーツにとって最も追い風の時期であった．国内ではカラーテレビの普及により大衆消費社会[1]をむかえ，企業スポーツは従来の福利厚生という役割に加えて企業の広告宣伝としての役割までも担うようになってきた．国際的な大会で所属選手が活躍し，また国内大会でチームが勝利することにより，テレビや新聞，雑誌等で取り上げられることで企業の広告宣伝となり，またスポーツがもつクリーンなイメージがさらに企業価値を上げた．その露出度は勝利と比例するため，各企業は競って勝利を求めるようになった．勝つためには有能な学生の囲い込みや外国人選手の獲得，さらにスポーツ施設の充実など積極的に投資する企業も現れるようになってきた．そして従業員と同じよ

うな契約形態をとっているものの，実質的にスポーツをすることを主たる目的とする契約選手も現れるようになった（選手のプロ化）．その結果，各企業がスポーツにかける予算（負担）はあっという間に従来の何倍，何十倍にも膨れ上がったのである．

　1980年代は日本の右肩上がりの好景気と比例するかのように，企業スポーツの最盛期であったといっても過言ではなかったが，しかし1990年代に入ると好調であった企業スポーツにも陰りが見られるようになる．その最大の原因はバブル景気の崩壊であった．バブル景気とは，1985年のプラザ合意をきっかけに約5年間（～1990年）続いた好景気である．当時の首相は内需拡大を宣言し，また大幅減税を行ったことで企業の利益や富裕層の所得が増大し，その利益を土地や株式に投機する傾向が強くなった．「土地は必ず値上がりする」という土地神話が囁かれ，事実，日本の地価は異常なまでの値上がりを見せた．数字上では東京23区の地価でアメリカ全土が買えるとも言われたほどである．その上昇する価値を担保に銀行はさらに融資を実行し，その資金でさらに土地や株式を購入するという異常な状況が続いたのである．しかし1990年に入ると土地や株式などへの行き過ぎた投機を見かねた日本銀行は公定歩合を何度も引き上げ，また政府が総量規制を行ったことをきっかけに，それまで上がり続けると信じられてきた土地の価格や株価は大幅に下落し，結果的に企業の収益も大幅に落ち込んだ．これにより泡のように膨れ上がったバブルと呼ばれる好景気は終焉をむかえることになった．

　景気が悪くなると企業は無駄遣いを抑えようとする．その際，最初にメスが入るのは大抵，福利厚生や広告宣伝費といった経費である．そのため1990年代後半以降，経費の削減という名目で，多くの企業がスポーツからの撤退を余儀なくされたのである．2000年に入ると日本経済はバブル崩壊から立ち直りの兆しが見えてくるものの，2008年にはリーマンショック[2]と呼ばれる世界同時不況，2011年には東日本大震災[3]が発生したことなどで，企業スポーツの休廃部はさらに加速するのであった．

オンワードオークスと西武プリンスラビッツ

2008年12月，企業スポーツの休廃部を象徴する大事件が起こった．アメリカンフットボールの強豪オンワードオークス（以下「オークス」という）とアイスホッケーの強豪SEIBUプリンスラビッツ（以下「ラビッツ」という）の各支援企業が，同時に翌シーズンの支援打ち切りを発表したのである．

2008年のリーマンショックはアメリカの住宅バブルの崩壊とそれに伴うサブプライム問題が原因とされており，アメリカ大手投資銀行であるリーマン・ブラザースが事実上破産となり，100年に１度といわれるほど世界中が大不況に陥ったため，日本企業もそのあおりを多大に受け，各企業はリストラを敢行せざるを得なくなったのである．オークスとラビッツの支援企業であるオンワードと西武もやむを得なくリストラを敢行．その中にはスポーツへの支援も含まれていたのである．この時期は野球やサッカー，バスケットボール，バレーボール，陸上など様々なスポーツで支援企業の撤退や休部が続いた時期であり，「スポーツ切り」という不名誉な言葉まで流行したほどであった．

支援企業の撤退を受けオークスは早々に自主再建（＝クラブ化）をすることを決め，一方，ラビッツは他企業への譲渡先を探すことになった．2009年３月，自主再建を決めたオークスは「相模原ライズ（現ノジマ相模原ライズ）」と名前を変え，ホームタウンを相模原市に定め活動を再スタートさせた．ライズ（RISE）の由来は「陽はまた昇る」．ふたたびアメリカンフットボールの第１線で活躍することを誓う意味での命名であった．同年６月には特定非営利活動法人となり，以後，地域密着を掲げたクラブとして現在でも第１線で活躍している．一方，ラビッツは譲渡先を探すことができず，2009年３月末で解散が決定したのである．

企業スポーツの苦難II　プロスポーツの台頭

戦後，日本のプロスポーツといえば，プロ野球が代表格であり，国民的な人気があった．バブル景気崩壊後の1993年にはサッカープロリーグの「Jリーグ」が華々しくスタートした．Jリーグはプロ野球とはその目的が異なり，地域密

着を掲げ，日本に新しいスポーツ文化を提案した．開幕当初，金額が高騰しチケットが買えないほど爆発的な人気であった．さらに1998年にはフランスワールドカップに日本代表が初出場し，世界の強豪国との戦いを目の当たりにしたことで，日本においてサッカーはプロ野球と並ぶメジャースポーツとして成長した．また1990年代には野球の野茂英雄投手やサッカーの三浦知良選手，中田英寿選手などといった一流選手がスポーツの本場である海外にその活躍の場を移したことにより，私たちは自然と海外スポーツを見る機会が増えていくことになる．またこの時期は衛星放送などが流行りだしたこともあり，お茶の間にあるテレビで海外の一流選手のプレーを日本でも見ることができるようになったのである．このように国内ではスポーツのプロ化，および選手のプロ化への期待，そして海外では日本人選手の活躍などにより，従来の福利厚生や広告宣伝の枠内で行われてきた企業スポーツは，日本のトップスポーツの座をプロスポーツに譲らなければならなくなった．以後，2016年にはバスケットボールのプロリーグ「Bリーグ」がJリーグと同じように地域密着を掲げスタートしている．さらに完全プロ化ではないが，バレーボールのVリーグ[4]や卓球のTリーグ[5]など，従来の企業スポーツの範疇を超えた興行化（≒完全プロ化）を目指す新しいリーグの創設が相次いでいるのである．

企業スポーツの未来I　モデルの限界

　企業に就職し，安定した収入を得，スポーツを続けることができる．また引退後も企業に残り仕事を続けることもできる，といった特徴を持つ企業スポーツは，世界的にみても珍しい仕組みだろう．選手生活の安定，セカンドキャリアという側面からみれば，企業スポーツはある意味で優れている仕組みであることは間違いない．しかし現代では仕事と競技を両立しながら勝てるほど，国内そして世界のスポーツ界は甘いものではない．そう考えると今後，他のスポーツにおいてもリーグの興行化の検討はされていくことだろう．しかし世界的にみても完全プロ化で成功できるものは，いわゆるメジャースポーツといわれる

一部のスポーツだけであり，それ以外のスポーツにおいて完全プロ化は現実的な話ではないため，結局，企業スポーツという仕組みは無くならないだろう．

企業スポーツの1番の問題点は，その経営がスポーツ側の意志ではなく，企業側の意志に大きく左右されてしまうということである．そもそも企業スポーツは従業員の福利厚生や広告宣伝といった企業の都合で成り立ってきた．それは決して純粋にスポーツの振興や強化を目的としたものではなく，あくまでも企業内部の事情によるものであった．そしてこの成熟した社会において，個人の趣味が多様化し，企業が今以上にスポーツに支援するメリットが薄れてきているのも事実である．また支援したくても各企業に余裕がないといった経済的な理由から支援をあきらめる企業も多々あるだろう．いずれにしろ旧態依然としたままでは今後，企業スポーツの未来が明るくないことは誰もが認識している．この問題を解決するためには，企業スポーツの意味，価値を再確認し，必要ならば新しい仕組みを検討する必要があるのではないだろうか．

企業スポーツの未来Ⅱ　クラブ化

新しい企業スポーツの形として企業スポーツのクラブ化（独立化）がある．従来，企業スポーツとはあくまでも企業内部のことで，福利厚生や広告宣伝といった経費的な扱いであった．しかしこのままだと何らかの理由で経費が削減された瞬間に企業スポーツは立ち行かなくなってしまう．それもスポーツ側には全く関係のない企業側の都合である．これは運営費の全てを企業に頼っているが故の結末であった．そこで今後，企業スポーツは一旦，企業の枠から飛び出し，企業の意志とは別の意志で動くことのできる仕組みが必要となる．それが企業スポーツのクラブ化（独立化）である．

クラブ化（独立化）とは企業スポーツが企業から飛び出し，法人格を取得することで企業とは別の法人となることである．別法人であれば企業の意志がクラブの意志決定に直接及ぶことはない．また企業の一方的な理由だけでクラブの活動がストップしてしまうこともない．

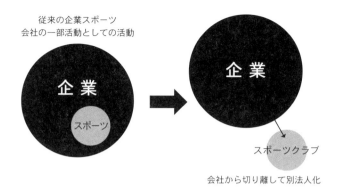

図3-1　企業クラブのクラブ化（独立化）

（出所）筆者作成．

　しかしこの方法では2つの問題点が生じることになる．1つ目はクラブに対して企業が支援する意識の問題である．企業スポーツはあくまでもプロスポーツではなく，企業内部の活動である．それはトップスポーツの場合もあるが，多くは従業員の福利厚生といった位置づけのものである．クラブ化（独立化）はスポーツが企業とは別となるため，どうしても従業員の福利厚生という意味が薄れてしまい，企業が支援する意味が薄れてしまう．しかしそこはクラブを従業員の福利厚生を担う子会社という位置づけにすることで支援する意味が出てくるだろう．またクラブの経営権（総会や理事会での議決権）を企業側が過半数握ることで，実質，企業はクラブを支配することが可能となる．

　2つ目の問題点は資金の確保である．従来，スポーツに対して企業の福利厚生又は広告宣伝を根拠として全額を企業が負担してきたが，企業からスポーツが離れれば，企業がその資金を全額負担する義理はなくなる．このようにかかる負担が減ることは企業側にとってはむしろ好都合である場合も少なくないが，スポーツ側からすれば毎年安定的に入ってきた資金が減ることを意味する．このような場合，従来の企業からの支援が仮に半分となったとしても，残り半分は地元の企業やその他地域の人々から補うよう努力すればよい．ス

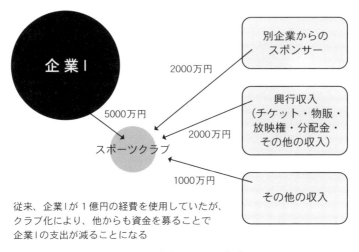

図3-2　資金獲得の分散化

(出所) 筆者作成.

ポーツが企業から独立し法人格を取得することは，他の企業が直接クラブとスポンサー契約等，資金提供の契約をすることが可能となることを意味するのである（資金獲得の分散化）．元の企業からすれば少しでも今の費用負担を減らすことができれば，より長い支援をすることも考えられるだろう．そのためには企業スポーツをクラブ化（独立化）し，地域密着を掲げ，より広い地域の企業や人々から資金を募ることで，支援企業の撤退が即休廃部に繋がるリスクを避けるための方策となるだろう（図3-2）．

企業スポーツへの期待

　過去，そして現在の状況を考えると，今後，企業スポーツを待ち受ける現状は決して明るいものではない．戦後，東京オリンピックやプロ野球，大相撲などをはじめスポーツは国民の一大関心事であった過去と比べ，現代では個人のライフスタイルや趣味等の多様化により，スポーツ以外の興味・関心ごとも増えている．そして時代の流れに伴い，従来のように企業スポーツが福利厚生

や広告宣伝であるといった解釈にも無理が生じてきている．ここで企業は一旦，スポーツを手放してみるのはどうだろうか．手放すと言っても手を切り，全く関係なくなるものではなく，前述のように別法人となるが，一定以上の関係性を維持しつつ，スポーツの本旨を全うできるようにサポートするのである．すべて丸抱えではなく，あくまでもサポートである．一方でスポーツ側にも相応の覚悟が必要である．今までなら特段無理なことさえしなければ毎年予算をもらえていたものが，今後は多少でも自分たちで稼ぐ努力をする必要が出てくる．今まで収益などをあまり気にしてこなかった企業スポーツとしては，当初は苦労を強いられるだろうが，しかしこのまま何もしなければ遅かれ早かれ縮小していく予算に対して何も手を打たず，死にゆく日をただ待つだけでは情けない．先述した一部のメジャースポーツ以外においては，企業スポーツという仕組みは大変有効である．その多くはメジャースポーツになることができない現状において，日本特有の企業スポーツの仕組みは必要である．そのために新しい企業スポーツの形として，企業に頼りすぎず，自らの意志で動ける仕組み作りにチャレンジし，2020年以降の新しい企業スポーツの在り方を模索していく必要があるだろう．

注
1）所得の上昇，マスメディアの発達などを背景に消費の物的・質的領域が拡大し，大衆による大量消費が特徴となった社会．企業による大衆広告に誘導される場合が多い．
2）国際的な金融危機の引き金となったリーマン・ブラザーズの経営破綻（はたん）とその後の株価暴落．
3）2011（平成23）年3月11日に発生した東北地方太平洋沖地震による災害およびこれに伴う福島第1原子力発電所事故による災害．
4）2018／19シーズンより新構想がスタート．
5）2018年10月新リーグがスタート．

sports culture
4 日本のプロスポーツ：プロ野球

プロ野球の始まり

　プロ野球（日本野球機構：NPB）は，日本の国民的スポーツとして長らく君臨してきた．野球自体は戦前から人気のあるスポーツであったが，特に戦後は「巨人，大鵬，卵焼き」と言われたように，大衆に人気があるものとして挙げられていた．

　プロ野球の歴史は1936年に発足した日本職業野球連盟の系譜を受け継いでいると言われている．読売新聞社や阪神電鉄など新聞，鉄道などの企業が中心となり，プロ野球を発足させた．新聞，鉄道などの企業がプロ野球を発足させた理由の1つは，自らのビジネスを発展させるためのコンテンツとして野球を使うという理由があった．多くの人々が興味を持つプロ野球の記事を紙面に載せることで新聞の購買数を伸ばし，また球場を作ることで駅を作り，街を作ることで都市開発をすることができた．このようにプロ野球の発足には親会社とのシナジー効果を期待されていた側面がある．また戦後，テレビの普及により試合をテレビ中継することで広告宣伝効果も期待されていた．特に巨人戦は毎試合テレビ放映されており，特にセントラルリーグの他球団は巨人戦を期待してスポンサーを獲得していたとも言われていた．

親会社と球団の関係性

　プロ野球球団の平均年間収入は約120億円程度で多い球団は200億円を超え

ると言われている.[1] この数字はJリーグのJ1クラブの平均年間収入が約30億円前後で, 1番稼いでいると言われる浦和レッズですら約60億円前後であることを考えれば突出している数字である. また日本プロ野球選手会HPによれば2017年度支配下公示選手（日本人選手734名）の平均年俸は3826万円であり, この数字も他のプロスポーツに比べかなり高く, 中には数億円の年俸を受け取る選手もいる. 数字だけ見ればプロ野球は日本において1番メジャースポーツであると言っても過言ではないだろう.

　これだけの大きなお金が動くプロ野球には, Jリーグなど他のプロスポーツとは違う特徴がある. これはプロ野球だけにある特徴である. それは1954年（昭和29年）8月10日付で国税庁長官から国税局長あてに「職業野球団に対して支出した広告宣伝費等の取扱いについて」という通達（以下「国税通達」という）である. なお通達とは法律のような性質のものではなく, あくまでも組織内部での取り扱いであるため, この内容は国税局内部での取扱いを定めたものである.

直法1—147

昭和29年8月10日

国税庁長官

国税局長　殿

職業野球団に対して支出した広告宣伝費等の取扱について

　映画, 新聞, 地方鉄道等の事業を営む法人（以下「親会社」という.）が, 自己の子会社である職業野球団（以下「球団」という.）に対して支出した広告宣伝費等の取扱を, 左記のとおり定めたから, これにより取り扱われたい.

　なお, すでに処理を了した事業年度分についても, この取扱と異なつた処理をしたため, 再調査の請求または審査の請求がされているものについても, この取扱により処理することとされたい.

記

一　親会社が, 各事業年度において球団に対して支出した金銭のうち, 広告宣

伝費の性質を有すると認められる部分の金額は，これを支出した事業年度の損金に算入するものとすること．

二 親会社が，球団の当該事業年度において生じた欠損金（野球事業から生じた欠損金に限る．以下同じ．）を補てんするため支出した金銭は，球団の当該事業年度において生じた欠損金を限度として，当分のうち特に弊害のない限り，一の「広告宣伝費の性質を有するもの」として取り扱うものとすること．

右の「球団の当該年度において生じた欠損金」とは，球団が親会社から交付を受けた金銭の額および各事業年度の費用として支出した金額で，税務計算上損金に算入されなかつた金額を益金に算入しないで計算した欠損金をいうものとすること．

三 親会社が，各事業年度において球団に対して支出した金銭を，貸付金等として経理をしている場合においても，当該支出金が２に該当することが明らかなものである場合においては，当該支出をした日を含む事業年度の損金に算入するものとすること．

四 親会社が，この通達の実施の日（昭和29年８月10日）前の各事業年度において，球団に対して支出した金銭を貸付金等として経理しているものについて，じ後の各事業年度においてその一部を償却したときは，球団の当該事業年度において生じた欠損金を限度として，当該償却金額を，その償却をした日を含む事業年度の損金に算入するものとすること．

（出所）国税庁HP「職業野球団に対して支出した広告宣伝費等の取扱について」．

この内容を説明すると，まず「映画，新聞，地方鉄道等の事業を営む法人（以下「親会社」という．）が，自己の子会社である職業野球団に対して支出した広告宣伝費等の取扱」とは，簡単に言うとプロ野球球団の親会社がプロ野球球団に支出した費用（広告宣伝費等）について税務上どのように取扱うかと言うことである．この通達にはその取扱いについてが定められており，今回特に注目すべきは（一）と（二）である．（一）は親会社が支出した費用のうち広告宣伝

費と認められるものは，親会社の損金として取り扱ってよいという内容である．損金とは会社の売上原価や販売費，一般管理費などを指し，そして法人税の計算は事業年度の益金（収入）から損金を差引いた額に税率を乗じることとなるため，損金が多ければ支払う税金の額は少なくなるのである．この（一）では親会社がプロ野球球団に支払った広告宣伝費等の性質を有するものは，親会社の損金として参入してよいとしているため，親会社にとってプロ野球球団に支出した広告宣伝費等の性質を有する費用の額が多ければ多いほど，親会社自らの税金を軽減することができるのである．

　次の（二）はこの通達の最大のポイントである．ここでは親会社が，球団の当該事業年度において生じた欠損金（野球事業から生じた欠損金に限る）を補てんするため支出した金銭は一の「広告宣伝費の性質を有するもの」として取り扱う，と定めている．（一）では「広告宣伝費の性質を有するもの」は損金に算入してよいことになっているが，この欠損金とはいわゆる赤字であり，プロ野球球団の赤字を補填するために親会社が支出した金銭も親会社自らの損金に算入してよいということになる．一般的なルールとして子会社の赤字を補填するために親会社の支出を認めるには，経済的な利益供与に経済合理性があるかどうかが求められることになる．なぜならこれを広く認めてしまうと本来納められるべき税金が減る可能性があるからだ．わざと赤字子会社に補填して支払う税金を少なくすることが意図的にできてしまうからである．しかしこの通達ではプロ野球球団の赤字を補填するために支出した親会社の支出（広告宣伝費等）を，損金として算入できることを明文化しているのである．

　極論を言えば，プロ野球球団の赤字は親会社が黒字である以上，親会社の税金を減らすことができるのである．親会社の税制上のメリットを考えると，球団は赤字である方が良い．たとえ収入より費用の方が多く，球団自体が赤字の場合でもこの税制上のメリットを活かせることが理由で，親会社は多額の費用を球団に支出する意味があったのである．

　この国税通達は個別通達であり，厳密に言えばJリーグやBリーグを対象と

していない．あくまでもプロ野球だけを対象としているものである．そのため
JリーグやBリーグでは赤字の補填までを企業等に頼ることはできず，そのた
め地域に根づいてサポーターやブースター[2]を増やし，チケット収入やスポン
サー収入等を増やしていくことが重要であると考えられている．

　プロ野球とJリーグ，Bリーグの数字だけを見てどちらの数字が大きいか小
さいかを正確に判断することはできない．なぜならそもそもの土台が違うから
である．この通達は，戦後プロ野球の発展を支えてきた1つの要因であったと
言えるだろう．

2004年球界再編問題

　2004年9月，日本のプロ野球史上初となるストライキが実行された．その原
因は大阪近鉄バッファローズ（以下「近鉄」という）とオリックス・ブルーウェー
ブ（以下「オリックス」という）の合併問題が突如浮上したからであった．その内
容は赤字に苦しむ近鉄がオリックスに吸収合併され，事実上，近鉄が消滅する
という内容であった．この重大な発表は，選手やファンに対して事前に何も説
明がなく，密室のオーナー会議で決められたのであった．この問題を受けて一
時，プロ野球は10球団1リーグ制になるなどの噂もあり，日本球界全体が揺れ
動いた大事件となった．

　選手会側はこの吸収合併を断固として拒否すべく，オーナー側との話し合
いを何度と試みたが，結局，双方が納得する答えが見つからなかったため，
2004年9月18日，19日の2日間，日本プロ野球史上初となるストライキが実
行された．このストライキは多くのプロ野球ファンが選手会の決定を支持し
たのである．

　日本中が大騒動となったストライキは2004年9月23日に選手会側とオーナー
側の協議において「2005年に新規参入審査を速やかに進めること」等が双方確
認され，ようやくストライキは解除された．しかし12球団維持は約束できたも
のの，大阪近鉄バッファローズの存続は果たされなかったのである[3]．

第　4　章　日本のプロスポーツ：プロ野球　　45

この結果，実に50年ぶりに新球団「東北楽天ゴールデンイーグルス」が誕生したのである．

親会社からの脱却

2004年の球界再編問題以降，北海道日本ハムファイターズや横浜DeNAベイスターズのようなファンサービスを重視し，地域に根づいた経営を目指す球団が現れるようになった．また球団名に地域名を付すケースも増えている．1993年Jリーグ発足当時，クラブ名に企業名を付さないJリーグを批判していたプロ野球であったが，現在，多くの球団は球団名に地域名を付している．それだけプロ野球においても地域密着という概念が根付いてきているのである．

〔セントラルリーグ〕	〔パシフィックリーグ〕
広島東洋カープ	北海道日本ハムファイターズ
読売ジャイアンツ	福岡ソフトバンクホークス
横浜DeNAベイスターズ	千葉ロッテマリーンズ
阪神タイガース	埼玉西武ライオンズ
東京ヤクルトスワローズ	東北楽天ゴールデンイーグルス
中日ドラゴンズ	オリックス・バッファローズ

国税通達は戦後，国民の娯楽であったプロ野球を存続させるために必要な措置であったと言えるだろう．事実，この通達がプロ野球をここまで大きくした1つの要因と言っても過言ではない．しかしこの国税通達は親会社に利益があってこそ，その恩恵を受けることができるものであり，そもそも親会社に利益が無ければ意味がない．戦後，高度経済成長からバブル景気まで右肩上がりの経済成長を遂げた日本企業ではあるが，バブル景気の崩壊後その勢いに陰りを見せ，事業の縮小，工場の閉鎖，リストラなど本業に余裕がない状況においてスポーツに多額の支援をする余裕が無いのが本音である．このような状況でいつまでも親会社に頼ってばかりの経営では，2004年のような球団消滅の危機

がまた訪れるかもしれない.国税通達は,戦後プロ野球の発展に貢献してきたが,そろそろ国税通達に頼らず,自ら稼ぐことを意識し,そのためにはファンサービスや地域密着を念頭に,プロ野球も変わっていかなければならないのである.

注

1）スポーツ庁・経済産業省「スポーツ未来開拓会議中間報告～スポーツ産業ビジョンの策定に向けて～」平成28年6月, p.25.

2）プロ野球はファン,Jリーグはサポーター,Bリーグはブースターと呼ぶ.

3）NHK総合テレビ「球団が消える？プロ野球選手会103日の闘い」放送日時 2009年8月18日.

5 sports culture
日本のプロスポーツ：Jリーグ

Jリーグの理念と百年構想

Jリーグが誕生するまで，正直なところ日本においてサッカーは人気のスポーツでは無かった．1968年メキシコシティーオリンピックで銅メダルを獲得したことで話題となったものの，1970年代以降，国際大会等で目立った成績をあげられず，プロ野球には遠く及ばない存在であった．しかし，メキシコワールドカップアジア最終予選（1985年）であと1歩のところで韓国に敗れ，ワールドカップ初出場を逃したことにより，いよいよ日本国内でもプロ化への期待が高まることになる．そして1993年5月15日，日本プロサッカーリーグ「Jリーグ」が華々しくスタートしたのであった．

〔Jリーグの理念〕

1．日本サッカーの水準向上及びサッカーの普及促進

1．豊かなスポーツ文化の振興及び国民の心身の健全な発達への寄与

1．国際社会における交流及び親善への貢献

〔百年構想〕

・あなたの町に，緑の芝生におおわれた広場やスポーツ施設をつくること．

・サッカーに限らず，あなたがやりたい競技を楽しめるスポーツクラブをつくること．

・「観る」「する」「参加する」．スポーツを通して世代を超えた触れ合いの場を

広げること.

(出所) JリーグHP.

企業からの脱却と地域密着

Jリーグの特徴は,企業からの脱却と地域密着である.それまでの日本のプロスポーツ,特にプロ野球では親会社からの支援があり,また地域密着という概念はほとんど無かった.例えばプロ野球では球団名に親会社名を付すことを許しているのに対し,Jリーグではクラブ名に親会社名を付すことはできず,地域名を必ず入れなければならない.これはプロ野球が親会社の広告宣伝という位置づけに対して,Jリーグは地域を主体とするクラブという位置づけであることを表している.さらに違いはたくさんある.例えばプロ野球では,本拠地をフランチャイズと呼び,時に条件が良いフランチャイズが現れれば移転することもあった.一方,Jリーグは本拠地をホームタウンと呼び,原則1度決めたホームタウンを変更することはできない.今まで唯一,ホームタウンを変更したのは東京ヴェルディだけであり,もとの名称はヴェルディ川崎であった(川崎→東京).またプロ野球では応援する人をファン(愛好家)と呼び,Jリーグではサポーター(支持者=支える人)と呼ぶ.そしてプロ野球では球団と呼ぶのに対して,Jリーグではクラブと呼ぶ.このように同じプロスポーツでありながら,様々な部分でプロ野球とJリーグでは違う考え方を持っているのである.

地域密着とは

1993年にJリーグが掲げた地域密着.以後,日本のスポーツ界においてはこの言葉が一般化された.今では当たり前のように言われている地域密着であるが,いったいどのようなことなのだろうか.また今まで日本のプロスポーツ界に地域密着という概念は無かったのだろうか.

地域密着とは言葉通りに捉えればクラブが地域に根づいた活動をすること

であり，言い方を変えればクラブが地域のために活動することである．従来，プロ野球ではその多くを親会社の支援に頼ることで試合を行い，ファンを楽しませてきた．Jリーグにおいても試合をしてサポーターを楽しませることは当たり前のことであるが，それに加え今度は地域に根づいた活動を行うことが求められているのである．

〔Jリーグ規約　抜粋〕

第21条〔Jクラブのホームタウン（本拠地）〕

（1）Jクラブは，理事会の承認を得て特定の市町村をホームタウンとして定めなければならない．ただし，次の各号の条件を満たし，理事会の承認を得た場合には，複数の市町村または都道府県をホームタウンとすることができる．

　　① 自治体および都道府県サッカー協会から全面的な支援が得られること

　　② 支援の中核をなし，市町村の取りまとめ役となる自治体を定めること

　　③ 活動拠点となる市町村を定めること

（2）Jクラブはホームタウンにおいて，地域社会と一体となったクラブ作り（社会貢献活動を含む）を行い，サッカーをはじめとするスポーツの普及および振興に努めなければならない．

（3）Jクラブは活動区域内でホームゲームを開催するにあたり，活動区域内の協会加盟団体等と他大会の日程およびキックオフ時刻等の調整を行い，多くのサッカーファンがホームゲームを観戦できる環境の整備に努めなければならない．

（4）Jクラブのホームタウンは，原則として変更することができない．

（5）やむを得ない事由により，ホームタウンを変更する必要が生じた場合には，変更の日の1年以上前までに理由を記載した書面により理事会に申請し，その承認を得なければならない．ただし，第54条に定める開催期間の途中における申請は原則として認められない．

（出所）JリーグHP　J.LEAGUE HANDBOOK 2018 公益社団法人 日本プロサッ

カーリーグ 規約・規程集. 傍点筆者.

〔地域名＋愛称〕

　Jリーグが目指す「地域に根差したスポーツクラブ」とは，ホームタウンの住民・行政・企業が三位一体となった支援体制を持ち，その町のコミュニティーとして発展するクラブをいいます.

　Jリーグがスポーツエンターテインメント以上の価値を持つのは，Jクラブが地域に根差しながら，ホームタウンのシンボルとして存在するところにあります. シーズン中，ほぼ2週間に1度訪れるホームゲーム開催日には，スタジアムを中心に祝祭空間が町に広がり，スタジアムにはわが町の名を叫んでチームを応援するファン・サポーターの姿があります. 地域を代表する存在だからこそ，Jリーグはチームの呼称を「地域名＋愛称」としています. また，チームの呼称を「地域名＋愛称」とすることで，Jクラブはホームタウン住民・行政・企業の理解と協力を得やすくなり，経済的に自立することができます. Jクラブが経済的に自立してはじめて，地域に根差したスポーツクラブとして地域のスポーツ文化の醸成に貢献できると考えています.

（出所）JリーグHP　About Jリーグ　ホームタウン活動.

〔主な活動内容〕

　学校訪問

　ファンサービス

　サイン会・トークショー

　サッカー教室／イベント

　表敬訪問

　地元イベント

　福祉活動

　集客活動

スポンサーイベント

　　　　　　　　（出所）JリーグHP　About Jリーグ　ホームタウン活動.

〔社会貢献〕

　Jリーグでは，選手による社会貢献活動を義務づけて，積極的に推進しています．養護施設や高齢者施設への慰問，学校への訪問授業，ホームタウンイベントへの参加など，スタジアムを出て，積極的に社会との触れ合いの輪を広げています．また2007年からは，日本サッカー協会と連携し，小学校で訪問授業を行う「こころのプロジェクト」の活動も各クラブでスタートしています．選手たちがこうした社会貢献活動に取り組むことにより，クラブとホームタウンとの絆がより深くなり，また，選手の社会的地位が向上すると期待しています．

　　　　　　　　（出所）JリーグHP　About Jリーグ　ホームタウン活動.

　なぜ地域密着が求められるのだろうか？　その答えは2つある．まずスポーツが単なる勝敗を決めるだけのものではなく，私たちの生活に欠かせないものとなるためである．スポーツは私たちの生活に深く入り込んでいるものの，そもそも遊びの範疇である．スポーツをしない人もいれば，スポーツが嫌いな人もいるが，それは個人の考え方で自由である．しかしスポーツには心身の健康やストレスの発散，仲間を作るなど様々な部分で生活に良い効果をもらたすことも私たちは知っている．スポーツが私たちの生活の一部となり，より多くの人々がスポーツを好んでくれればスポーツに携わる者達からすればこんなに素晴らしいことはない．そうなるためにはスポーツは勝敗ばかりを意識し，一部のトップアスリートだけが行うものではなく，スポーツを通じて地域社会が豊かになり，多くの人々が幸せになることができることが望まれる姿であり，これこそがスポーツ本来の意味であり，価値なのである．そのためにJリーグでは「スポーツでもっと幸せな国へ.」というスローガンを作り，地域密着をする重要性を謳っているいるのである．

　　　　　　　　　　　　　　　第　5　章　日本のプロスポーツ：Jリーグ　　53

次にサポーターを増やすためにも地域密着が必要である．プロ野球にある国税通達は厳密に言えばJリーグを対象としたものではない．そのためプロ野球ほどJリーグでは親会社からの支援を期待できるものはない．そのためクラブの財政基盤を盤石とさせるための方法は，兎にも角にもチケットを数多く販売することである．現実的に考えると北海道で行われる試合を毎回東京の人が見に行くだろうか．逆に東京で行われる試合に北海道の人が毎回見にいくだろうか．実際にチケットを購入し，毎回試合を見に来るのは距離的に近い人たちである．せいぜいリピーターとなる人はスタジアムを中心に半径5km（直径10km）が限度だろう．それ以上広範囲となるとなかなかリピーターとはなりにくい．クラブ経営に必要なことはリピーター（サポーター）を増やし，チケット購入者を増やすことである．それがクラブ経営の基本である（**図5-1**参照）．

　チケットを購入してもらうためには従来のサッカー関係者だけにアプローチしていただけではその数はたかが知れている．勝てばサポーターは増え

図5-1　リピーターの範囲

（出所）筆者作成．

るというのは，それはサッカー関係者だけの妄想であり，本来その何十倍という一般市民が試合を見に来なければクラブ経営を安定させるだけの収益に繋がらない．その一般市民の興味を向かせるためにも，常にクラブが地域との繋がりを持ち，地域にとって重要な存在であり続ける必要がある．そのためにクラブは，学校訪問や地域イベントなどに参加し，直接地域と触れ合い，クラブや選手の存在を知ってもらうことが，結果として集客へと繋がるのである．だからこそ地域密着という考え方が重要になるのである．

　Jリーグは日本のスポーツ界に今までなかった地域密着という新しい概念を植え付けた．この概念は今の日本スポーツ界にとって大きな柱となっている．スポーツは企業から地域へ．日本スポーツ界は，今，大きな変革の時期をむかえているのである．

6 sports culture
ドイツのスポーツ文化

ドイツのフェライン

　Jリーグが掲げた地域密着の概念は欧州，特にドイツのスポーツ政策を参考にしたと言われている．また2000年スポーツ振興基本計画に記載された総合型地域スポーツクラブも同様である．現在，日本のスポーツは欧州，特にドイツのスポーツ政策を参考にしていると言われている．

　ドイツでは日本の学校体育，部活動のように教育の中にスポーツが位置づけられているわけではなく，基本的にスポーツは地域のスポーツクラブで行うものである．このスポーツクラブとは，私たちが想像する民間企業が運営するフィットネスクラブやスイミングクラブのようなものではなく，野球少年団やサッカー少年団などが集まったようなものといったほうがイメージしやすく，その運営は主に地域住民の手で行われている．ドイツ全土には約9万［ブロイヤー，黒須 2010］ほどのスポーツクラブがあると言われ，そのスポーツクラブはフェライン（Verein）という地域のコミュニティ団体である．フェラインは，同じ目的を持つ者同士が集まれば簡単に作ることができ，日本の任意団体のようなものである．フェラインは公益性に基づき助成金を受け取ることができ，また税制の優遇を受けることもできる．学校や職場の関係性を超え，地域という単位で同じ趣味・趣向の人々が集い，交流する場所として150年以上も前からドイツではフェラインが地域社会のコミュニティとして活躍しているのである．またスポーツに関わらず，文化や芸術，福祉，環境などの様々な分野のフェラ

インが存在し，その数はドイツ全土で60万程度［松平 2016］あると言われている．フェラインの運営は基本的には参加者のボランティアであるが，一部大きなフェラインでは専従の職員がいることもあり，企業がその活動に賛同し支援をしていることもある．ドイツの地域社会は昔からフェラインという地域住民の集まりが支えているのである．

　これらのフェラインは管轄区の簡易裁判所に設けられた社団登記簿に登記することで登記社団法人（eingetragener Verein＝e.V）となり，法律上の権利義務の主体となることでき，法人格を取得することができるのである．

ドイツのスポーツクラブ

　ドイツのスポーツクラブ事情をまとめた書籍『ドイツに学ぶスポーツクラブの発展と社会公益性』［2010］によると，ドイツのスポーツクラブの歴史は1811年ベルリンで広まった体操の訓練から始まったと言われている．その後1818年まで約150の体操クラブが誕生したが，現在の様なスポーツクラブというよりは比較的緩い集まりの同好会のようなものであった．1860年以降，自由主義の政治的な風潮を受け，短期間で多数のクラブが誕生した．体操以外にも走行，跳躍，投てき，水泳などのプログラムもあった．またプログラムには歌や遠足なども含まれ，さらに文化的，政治的なテーマの講演や社交的な催し物なども行われ，まさに地域住民のコミュニティといった様相であった．

　19世紀末になるとイギリスで行われていたスポーツがドイツでも普及し，サッカーや陸上，水泳，ハンドボールなどの新しいスポーツが加わることになった．このころにはドイツボート協会（1883年），ドイツ水泳連盟（1886年），ドイツサッカー協会（1900年）などスポーツを統括する競技団体が誕生した．さらにスポーツ競技団体の一部と体操クラブとの間で対立が起こったのもこの時期であったが，次第に市民はスポーツへの関心が増えていった．

　第１次世界大戦からナチス台頭までのワイマール共和国時代（1914〜1933年）には，新たなスポーツクラブが多数誕生し，TSV（Turn-und Sport verein）とい

う体操とスポーツの垣根のないクラブも誕生し，女性や青少年たちの会員も増えていった．しかし1920年代にはスポーツがブームとなった一方で，クラブ同士の対立や分裂，市民スポーツと労働者スポーツとの間でイデオロギー対立が原因となり，体操とスポーツは1922年にドイツ体操協会の決定に基づいて決裂することになった．そのため一部のクラブでは体操とスポーツが分離し，別々のクラブになることもあった．

　ナチス政権樹立後は，自立的な活動を求める批判的，反体制的なスポーツ組織は解体された．スポーツが政治的に使われるようになり，スポーツが道具化され，勇気や力，精神強さ，防衛力の要望がクラブの目標となった．また国民共同体と人種についての意識の高揚が求められ，クラブの理事は会員からの投票ではなく，帝国スポーツ大臣によって任命され，スポーツクラブの民主的原理は崩壊したのであった．

　第2次世界大戦後，1945年には第1回スポーツ競技大会が開催され，ドイツのスポーツは地域スポーツクラブの再設立を通じて始まった．その後1950年にはフランクフルトにドイツスポーツ連盟が設立されて以降，毎年ドイツ全土に約1000クラブ以上が誕生した．クラブ旗やクラブ歌，クラブ新聞などが作られ，クラブは会員同士の一体感や仲間意識を醸造させるものとして，一種の連帯共同体としての存在となったのである．現在では少子化やライフスタイルの変化などにより会員の減少が問題視されているが，それでも今，ドイツ国民（約8200万人）の3人に1人は地域のスポーツクラブに所属し，素晴らしいクラブライフを送っているのである．

ドイツのクラブにある社会公益性

　ドイツのスポーツクラブは単にスポーツをする場所というだけでなく，地域，ひいてはドイツにとって欠かせない存在となっている．なぜならドイツのスポーツクラブには「社会公益性」があるからである．社会公益性とは「参加者にとっての有用性だけではなく，同時に，参加しない第三者，あるいは社会全

体に対しても公共の福祉を促進する」[ブロイヤー，黒須　2010] と考えられており，社会公益性を理解するキーワードとして以下の12項目が挙げられている．ドイツのスポーツクラブにはこれら12項目の役割を果たしていると考えられているのである．

〔社会公益性12のキーワード〕

① 社会統合

　他国からの移民を社会に統合するという意味ではスポーツクラブの果たす役割が重要．

② 健康増進

　スポーツ種目だけでなく，医療系，健康系のプログラムを取り入れている．

③ 社会参加の促進

　クラブの運営は会員のボランティアが原則であることから，市民のボランティア活動や社会参加の重要な受け皿となっている．

④ 経済的な付加価値

　ボランティアの活動は国や地方自治体の経費を削減することに繋がっている．

⑤ 納税者

　ドイツのスポーツクラブは年間 5 億ユーロの公的助成金を受け取っているが，一方で年間約 8 億 2 千万ユーロを納税している．

⑥ 諸機関との連携

　スポーツクラブは様々な機関（幼稚園や保育所，健康保険会社等）と連携し事業を行っている．

⑦ 職場の提供

　一部の指導者やスタッフは有給として雇われているため，職場の提供としてその役割を果たしている．

⑧ 社会的インフラ

自ら施設を持つスポーツクラブも多く，それは同時に国や地方自治体の経費を削減することに繋がっている.

⑨　社交の場

スポーツクラブではフェスティバルや演奏会，旅行といった活動も行っているため，地域コミュニティの拠点となっている.

⑩　外国においてドイツを代表

スポーツクラブでは海外での活動を行うことなど，海外とコンタクトを行っている.　また海外の人々を受け入れることもしている.

⑪　青少年の社会教育の場

スポーツクラブは青少年のための「民主主義の学校」と呼ばれている.

⑫　女性の積極的関与

多くのスポーツクラブでは女性会員の割合が増え，またボランティアスタッフとして女性が活躍している.

（出所）ブロイヤー，黒須 [2010].

新たな問題点

ドイツ国民にとって必要不可欠なスポーツクラブではあるが，一方で以下の新たな問題点が指摘されている.

〔新たな問題点〕

①　ボランティアの減少

②　半日制から全日制学校への移行

③　財源不足

④　施設利用料の負担増

⑤　若い競技スポーツ選手の減少

⑥　人口構造の変動とクラブの運営

（出所）ブロイヤー，黒須 [2010].

これらの問題を見ると，日本も同じような課題を抱えている．特に少子高齢化やライフスタイルの変化など，時代の流れがスポーツに及ぼす影響は日本もドイツも変わらない．特に先進国となればなるほど，スポーツの持つ意味が，今再び問われることになるだろう．

ドイツの戦後スポーツ政策

第2次世界大戦後，ドイツ（旧西ドイツ）では，経済発展に伴い，国民の運動不足や健康への不安などが高まるようになってきた．これらの問題を解決するために，人々の生活の中にスポーツを位置づけることで，社会生活の質の向上と健康づくりを推進した．これが「ゴールデンプラン（1960年）」である．ゴールデンプランは1961年から1975年まで数多くの遊技場やレジャー施設，スポーツ施設などを整備した．各地域にトップレベルから地域レベルのスポーツクラブが活動できる「スポーツシューレ」を建設し，そこではスポーツ活動だけでなく，研修や宿泊，会議なども行うことができた．15年もにわたるゴールデンプランの実施により，国民のスポーツに対する意識は高まり，スポーツクラブ人口も増えていった．ドイツではソフト（スポーツクラブ）とハード（施設）の両面から戦後のスポーツ振興を進めてきたのである．

7 *sports culture*
総合型地域スポーツクラブの現状

総合型地域スポーツクラブの全国展開

2000年スポーツ振興基本計画では「2010年までに，全国の各市区町村において少なくともひとつは総合型地域スポーツクラブを育成（将来的には中学校区程度の地域に定着）」との記載があるが，現状どのような状況であろうか．

文部科学省が発表しているスポーツ庁「平成27年度総合型地域スポーツクラブ育成状況調査（平成27年7月1日現在）」の結果では，創設済みと創設準備中のクラブを合わせて全国で3550クラブが育成されている．またクラブの育成率は80.8％である（**図7-1参照**）．

少子高齢化や社会の移り変わりにより人口構成や私たちのライフスタイルも変化し，一昔前はあったとされる地域コミュニティは無くなりつつ，近隣で物騒な事件なども起こっている．特に都心などでは隣に誰が住んでいるのか分からないことも少なくない．そして医療費の増大は私たちにとって大きな問題として挙げられ，その改善策を見つけることが急務となっている．このような社会において，スポーツという共通の趣味・趣向を通じて，地域コミュニティを作り，さらに健康で文化的な生活を送ることのできる仕組みである総合型地域スポーツクラブは，今後の日本社会において大変重要役割を担うことだろう．これから日本のスポーツ政策の大きな柱として，総合型地域スポーツクラブの発展が期待されているのである．

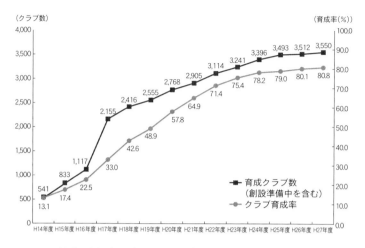

図7-1　総合型地域スポーツクラブ設置状況（平成27年7月1日現在）
（注）総合型地域スポーツクラブ数については，創設準備中を含む．
（出所）文部科学省　スポーツ庁「平成27年度総合型地域スポーツクラブ育成状況調査」．

総合型地域スポーツクラブの法人化

　2000年スポーツ振興基本計画において総合型地域スポーツクラブの創設が明記されたことと同時に，総合型地域スポーツクラブの法人化についても明記された．

〔今後の具体的施策展開〕　抜粋
（総合型地域スポーツクラブ）
　　創設後の総合型地域スポーツクラブにおいては，円滑かつ継続的に事業を展開するため，次のような取組が望まれる．
　ア　NPO法人等の法人格を取得すること．法人格を取得することで総合型地域スポーツクラブは，組織として権利義務の主体となることが可能となる．また，事業内容や会計の透明化により地域の行政関係者の信頼を得ることから，行政との連携の円滑化にも資すると考えられる．さらに，事業内容や会計の透明化は，会費を納める地域住民の一層の信頼を得られることに

もつながり，クラブの継続性にも寄与すると考えられる．

（出所）文部科学省［2000］．傍点筆者．

　従来，少年団のような地域スポーツ団体は法人格を取得していない団体，いわゆる任意団体であることが多かったが，スポーツ振興基本計画では今後，総合型地域スポーツクラブに法人格の取得を推奨しており，その理由として権利義務の主体となることや，事業や会計の透明化，そして信頼の獲得などを挙げている．特に権利義務の主体となることは今後活動を行う上で重要な視点である．

　権利義務の主体とは法律上の権利を行使することや義務を負うことができる者という意味であり，権利義務の主体は自然人（人）か法人と定められている．人でもない，法人でもない任意団体は法律上，権利義務の主体とは考えられていないのである．例えば契約の当事者は権利義務の主体でなければならず，また裁判を行う場合も同様であり，任意団体は契約や裁判の当事者となることができないと解されている．厳密に言えば，任意団体は物を買うこともできなければ，トラブルを解決することもできないということになる．しかし現実的に任意団体でも契約をし，また裁判を起こすことは不可能ではない．しかしこれは任意団体として行っているのではなく，あくまでも任意団体の代表者など個人の権利義務で行っているに過ぎない．そのためその責任（金銭的債務など）が最終的に団体ではなく，代表者などの個人の責任となる可能性があるため，任意団体では個人の負担が大きいなどのマイナス面が指摘されることがある．そのため代表者等の個人の責任と団体の責任を明確にする上でも法人化は有効な手段なのである．

　また事業内容や会計を透明化することも総合型地域スポーツクラブの運営にとって重要なポイントである．従来の任意団体には特別なルールなどが存在しない．任意団体はあくまでも当事者の自由な意思により設立し，自由な活動を行ってきた団体である．それは団体にとってはやり易い仕組みではあっ

たが，対会員や対行政などにおいては，その自由さが任意団体への信頼を低くしているとも言える．ルールが無いが故，勝手な運営，不適切な会計などをされていては困るからだ．今後，会費等を徴収し，自主自立を目指す総合型地域スポーツクラブにとって，対外的な信頼は絶対に欠かせないものである以上，必然的に法人格に取得が求められるようになってきたのである．

営利と非営利

総合型地域スポーツクラブはNPO法人等の法人格の取得が推奨されているが，そのNPO法人とはどのような法人なのだろうか．NPO法人の正式名称は「特定非営利活動法人」であり，また法律も「特定非営利活動促進法」とある以上，NPO法人が非営利を目的とすることは理解できる．では非営利とは何か，その逆に営利とは何か．まずはじめにこの意味を正確に理解しなければ総合型地域スポーツクラブの法人格ついて理解することができないだろう．

営利と非営利の意味は単純に「利益を得ること」と「利益を得ないこと」ではない．一般的にそう理解していることの方が多いのが事実であるが，正しい答えではない．本来，営利とは利益を還元すること，また非営利とは利益を還元せずに翌年の事業費に繰り入れることである．営利の代表が株式会社であり，そのため株式会社には利益の配当がある．これが営利を目的とす

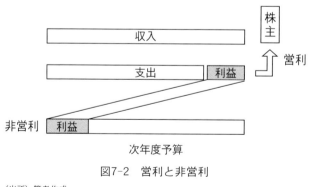

図7-2　営利と非営利

（出所）筆者作成．

るという意味である．一方，非営利の代表が社団法人や財団法人，NPO法人
などである．これらの法人は利益を還元せず，その利益は翌年の事業費に繰
り繰り越さなければならない．これが非営利の意味であり，決して非営利だ
から収入を得てはいけない，報酬を支払ってはいけないということではない
のである（**図7-2参照**）．

特定非営利活動促進法の施行

　地域のスポーツ団体に任意団体が多かった理由の１つに，法人格を取得し
たくても取得できる法人が無かったという理由があった．従来，地域の活動
などにおいて取得する適当な法人格は社団法人や財団法人などの公益法人で
あったが，これらの法人格を取得するには財産的，時間的要件が大きく，且
つ許可を得なければならないため，地域活動などの団体が取得することは至
難の業であった．そのため法人格を取得することができなかったのである．

　1995年１月に起こった阪神淡路大震災では，数多くのボランティアが被災
地に集結し，復興のための活動を積極的に行っていた．しかしそのようなボ
ランティア団体の多くは任意団体であり，活動基盤が弱く，吹けば飛んでし
まうような団体がほとんどであった．このような市民団体の活動にも権利義
務を与え，その活動をしやすくするためには，従来の社団法人や財団法人で
はなく，相応の法人格の存在が必要であるという議論となり，1998年12月に
特定非営利活動促進法が施行され，特定非営利活動法人（NPO法人）が誕生した．

　特定非営利活動とは以下の（１）のいずれかの活動を行うことを目的とし，
且つ（２）の要件を満たすことを必要とする．

〔特定非営利活動〕
（１）　法で定める20のいずれかの活動に該当する活動
20分野の活動
　１　保健，医療又は福祉の増進を図る活動

2　社会教育の推進を図る活動

3　まちづくりの推進を図る活動

4　観光の振興を図る活動

5　農山漁村又は中山間地域の振興を図る活動

6　学術，文化，芸術又はスポーツの振興を図る活動

7　環境の保全を図る活動

8　災害救援活動

9　地域安全活動

10　人権の擁護又は平和の推進を図る活動

11　国際協力の活動

12　男女共同参画社会の形成の促進を図る活動

13　子どもの健全育成を図る活動

14　情報化社会の発展を図る活動

15　科学技術の振興を図る活動

16　経済活動の活性化を図る活動

17　職業能力の開発又は雇用機会の拡充を支援する活動

18　消費者の保護を図る活動

19　前各号に掲げる活動を行う団体の運営又は活動に関する連絡，助言又は
　　援助の活動

20　前各号に掲げる活動に準ずる活動として都道府県又は指定都市の条例で
　　定める活動

（2）　不特定多数かつ多数のものの利益の増進に寄与することを目的とする
　　活動

（出所）東京都生活文化局HP　NPOポータルサイト.

　NPO法人になるためには特定非営利活動を行うことを主たる目的とし，次
の要件を満たすことが求められている.

（１） 営利を目的としないこと．

（２） 宗教活動や政治活動を主目的としないこと．

（３） 特定の公職の候補者若しくは公職にある者又は政党を推薦，支持，反対することを目的としないこと．

（４） 特定の個人又は法人その他の団体の利益を目的として，事業を行わないこと．

（５） 特定の政党のために利用しないこと．

（６） 特定非営利活動に係る事業に支障が生じるほどその他の事業を行わないこと．その他の事業の会計については，特定非営利活動に係る事業の会計から区分して経理することが必要であり，その利益は，特定非営利活動に係る事業に充てること．

（７） 暴力団，暴力団又は暴力団の構成員若しくはその構成員でなくなった日から５年を経過しない者の統制下にある団体でないこと．

（８） 社員の資格の得喪について，不当な条件をつけないこと．

（９） 10人以上の社員を有すること．

（10） 報酬を受ける役員数が，役員総数の１／３以下であること．

（11） 役員として，理事３人以上，監事１人以上を置くこと．

（12） 役員は，成年被後見人又は被保佐人など，法第20条に規定する欠格事由に該当しないこと．[3]

（13） 各役員について，その配偶者若しくは３親等以内の親族が２人以上いないこと．
また，当該役員並びにその配偶者及び３親等以内の親族が，役員総数の１／３を超えて含まれていないこと．

（14） 理事又は監事は，それぞれの定数の２／３以上いること．

（15） 会計は，次に掲げる会計の原則[4]に従って行うこと．

（出所）東京都生活文化局HP　NPOポータルサイト．

このNPO法人が誕生したことにより，従来の社団法人，財団法人に比べ設立の手続きが比較的簡単となったため，総合型地域スポーツクラブにおいても法人格を取得することが容易になったのである．

公益法人制度改革関連三法の施行

2008年12月に以下の３つの法律（公益法人制度改革関連三法）が施行されたことにより，従来の公益法人（社団法人，財団法人）の仕組みが大きく変わった．

①一般社団法人及び一般財団法人に関する法律
②公益社団法人及び公益財団法人の認定等に関する法律
③一般社団法人及び一般財団法人に関する法律及び公益社団法人及び公益財団法人の認定等に関する法律の施行に伴う関係法律の整備等に関する法律

公益法人自体の歴史は古く，今まで１度も改正がされなかったことから，現代の仕組みに合わなくなってきていることがしばしば指摘されていた．公益法人制度改革の必要性は，長年にわたって議論されてきたが，なかなか手が付けられず，ようやく森内閣から小泉内閣の時代において動き始めた．特に小泉内閣は「官から民へ」というキャッチフレーズを掲げ，民間でできるものはなるべく民間に任せ，且つ民間の活力を活かすことで，行政事務のスリム化と無駄を無くすことに積極的に取り組んでいた．公益法人制度改革もそうした「官から民へ」の流れにのることによって，ようやく動き始めたのである．

この改革で従来の公益法人に次のような変更点があった（**図7-3**参照）．

〔公益法人改革の主な変更点〕
① 社団法人と財団法人を公益と一般の２段階に分ける
② 一般法人に関しては許可制ではなく，準則主義とする
③ 一般法人が公益認定を受けることで公益法人となる

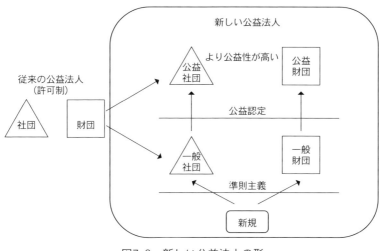

図7-3　新しい公益法人の形

（出所）筆者作成．

　特に新規で一般社団法人，一般財団法人となる場合，準則主義（法律が定めた要件を満たせば法人格を付与する）となったため，従来の許可制より格段と法人格の取得がしやすくなった．また一般社団法人，一般財団法人は公益認定をクリアすることで公益社団法人，公益財団法人となり，一般社団法人，一般財団法人に比べより公益性があると解され，税制の優遇などが大きくなる．[5]

　私益・共益・公益とは

　2000年スポーツ振興基本計画において総合型地域スポーツクラブはNPO法人等の法人格を取得することが求められていることを鑑みると，総合型地域スポーツクラブは営利ではなく，非営利を目的とすることが望まれていることが分かる．今日においては，総合型地域スポーツクラブの法人化は主にNPO法人と一般社団法人が選択肢として挙げられることが多く，このどちらの法人も非営利である．同じ非営利であることを前提とするならば一般財団法人も非営利で

あるが，総合型地域スポーツクラブの法人格を検討する場合，一般財団法人を選択することはあまり一般的ではない．なぜなら財団とは財産の集合体であり，その設立に財産があることが前提となるからである．一方，NPO法人と一般社団法人は人の集合体であり，人が集まることが前提となる．そのため法人設立において一般財団法人の設立には300万円以上の財産があることが必要とされるが，NPO法人と一般社団法人には財産的な要件はなく，人が集まれば設立することが可能となる．このため総合型地域スポーツクラブにおいては，財産的な負担がある一般財団法人を選択するのではなく，その負担の無いNPO法人や一般社団法人を選択することの方が現実的である．[6]

　では総合型地域スポーツクラブにとってNPO法人と一般社団法人ではどちらが適当な法人格であろうか．答えを先に言うならばどちらでも構わないということになる．そもそもNPO法人と一般社団法人の違いは何だろうか．細かいことであるがその違いは組織としての目的に違いがある．組織の目的には「私益」「共益」「公益」の３つがあり，私益は私の利益，共益は共同の利益，そして公益は不特定多数の者の利益と解されている．例えば私益とはその利益が限られた者の利益となること，共益とは一定の共通項の範囲内の者（同窓会やマンション組合など）の利益となること，そして公益とは広く一般の者たちの利益となることを言う．この３つの目的と営利，非営利，法人格を比較すると**表7-1**の通りとなる．[7]

　この表を見ればわかるとおり，NPO法人と一般社団法人は正確に言えば目的（前者が公益目的で後者が共益目的）が異なる．NPO法人の目的は公益であるが，一方で一般社団法人は公益を目的としなくても良いとされている（＝共益を含む．但し私益ではない）．この両者の違いはこの目的にあるが，公益目的か共益目的かは目的の概念論であり，むしろ今では営利か非営利かで区別する方が一般的であるため，[8]現状，総合型地域スポーツクラブの法人格はNPO法人と一般社団法人の２択が一般的となっているのである．その他は手続き上の違いや，かかる税金の違い，運営の手間などの違いであり，どちらが自分たちのクラブの法人格としてふさわしいかは，これらを比較検討して決定することになる．

表7-1　私益・共益・公益と法人格

私益 (私の利益)	共益 (共同の利益)	公益 (不特定多数の者の利益)
株式会社	一般社団法人 一般財団法人	公益社団法人 公益財団法人 特定非営利活動法人
営利	非営利	

法人名	一般財団法人	一般社団法人	特定非営利活動法人
法律	一般法人法	一般法人法	特定非営利活動促進法
組織の特徴	財産の集合体	人の集合体	人の集合体
目的	公益を目的と しなくてもよい(共益)	公益を目的と しなくてもよい(共益)	公益
議決権	評議員	社員	社員
最高意思決定機関	評議員会	社員総会	社員総会
執行機関	理事会	理事会	理事会
役員	理事及び監事	理事及び監事	理事及び監事
評議員及び社員の人数	3名以上	2名以上	10名以上
理事の人数	3名以上	3名以上 (理事会設置・非営利型)	3名以上
監事の人数	1名以上	1名以上 (理事会設置・非営利型)	1名以上
評議員及び社員と 理事・監事の兼務	兼務できない	社員と理事・監事は兼務できる 理事と監事は兼務できない	社員と理事・監事は義務できる 理事と監事は兼務できない
上位法人	公益財団法人	公益社団法人	認定NPO法人
評議員及び社員の 資格の得喪	条件を設けることができる	条件を設けることができる	条件を設けることが できない
法人税	収益事業課税(非営利型)	収益事業課税(非営利型)	収益事業課税
住民税	原則課税 (都道府県により減免あり)	原則課税 (都道府県により減免あり)	原則課税　減免制度あり
事業税	収益事業を行ったときのみ課税	収益事業を行ったときのみ課税	収益事業を行ったときのみ課税
消費税	課税対象	課税対象	課税対象
登録免許税	課税対象	課税対象	非課税
設立時財産的な要件	300万円以上の財産	0円	0円
管轄	特になし	特になし	都道府県
スポーツ振興くじ助成	○	○	○

728クラブ（法人化）	3550クラブ（総数）

現在，法人化は全体の20.5％（平成27年現在）

図7-4　総合型地域スポーツクラブ数と，法人化数

（出所）文部科学省「平成27年度総合型地域スポーツクラブ育成状況調査」より筆者が作成．

　次に総合型地域スポーツクラブの法人化の現状を見てみよう．文部科学省平成27年度総合型地域スポーツクラブ育成状況調査によると3550クラブ（創設済みと創設準備中含む）中，法人格を取得済みは728クラブであり約20％しかない（図7-4参照）．総合型地域スポーツクラブが始まって既に18年経過しているが，決して多い数字ではない．この原因は法人格を取得することの意味が十分理解されていないか，又は法人化のメリットを享受するだけの活動に至っていないということが考えられる．

　法人格を取得するメリットは権利義務の主体となることであるが，決してこれだけではない．例えば法人格を取得することで多数決による民主的な意思決定がされ，また会計の透明性が担保されるなど，ガバナンスの構築と対外的な信頼を得ることができる．これは第三者と取引をする際に必要な要素である．また法人税の優遇を受けることができ，さらに補助金や助成金などを獲得することも可能となる[9]．これらのメリットはクラブが今後さらに発展をする際に必要となる部分であるが，仮に今のままで良いとクラブの発展を期待しない場合，そのメリットを感じられないこともある．法人化をすることで直ちに何らかのメリットを享受できると勘違いをすることがあるが，本来，法人化をしただけでは何も変わらない．法人化のメリットは自らの活動を発展させる上で初めて必要になってくるものであり，そのメリットを自ら活かそうとしなければ法人化には何の意味もない．この理解がない法人化はむしろ会計処理や提出書類などの仕事が増えるだけでしかない．その断片的な情報で法人化は面倒であるとの誤認識が現場にあるのは否めないだろう．こういった誤った認識が法人化の

促進の妨げに繋がっているのである.

法人税の優遇

非営利法人（NPO法人，非営利型の社団法人と財団法人）[10]には法人税の優遇がある.通常，株式会社などの営利法人の法人税の考え方は全所得課税といい，原則その収益の全てが課税対象である.一方，非営利法人の法人税の考え方は収益事業課税といい，本来，全ての収益は課税の対象であるが，非営利法人が行った事業が① 収益事業に該当し，② 継続して，③ 事業場を設けて行う場合，法人税の課税対象となる（この3つの要件を満たす必要あり）.[11]収益事業とは収益を得る事業ということではなく，34業種と定められており，この34業種に該当する事業を行った場合（及び継続して，事業場を設けて），法人税の課税対象となる.

〔収益事業34業種〕

　物品販売業，不動産販売業，金銭貸付業，物品貸付業，不動産貸付業，製造業，通信業，運送業，倉庫業，請負業，印刷業，出版業，写真業，席貸業，旅館業，料理店業その他の飲食店業，周旋業，代理業，仲立業，問屋業，鉱業，土石採取業，浴場業，理容業，美容業，興行業，遊技所業，遊覧所業，医療保健業，一定の技芸教授業等，駐車場業，信用保証業，無体財産権の提供等を行う事業，労働者派遣業

総合型地域スポーツクラブの場合，会費収入が主な収入となるだろう.サッカーや野球，その他のスポーツ教室の収入が主な収入となる.これら「スポーツ指導の対価」が34業種に該当するならば（継続して，事業場を設けることを前提），その収入は法人税の課税対象となり，逆に該当しなければ課税対象とならない.

スポーツ指導の対価は34業種中，一定の技芸教授業等に該当する可能性がある.技や芸を教えて対価を得る事業ということであればスポーツ教室も同様であろう.しかし「一定」という限定列挙がある.[12]この限定は以下の通りである.

〔一定の技芸教授業等〕

　洋裁，和裁，着物着付け，編物，手芸，料理，理容，美容，茶道，生花，演劇，演芸，舞踊，舞踏，音楽，絵画，書道，写真，工芸，デザイン（レタリングを含む.），自動車操縦若しくは小型船舶の操縦の教授

　学力の教授および公開模擬学力試験を行う事業

　一定の技芸教授業等とは上記に記載のあるものを教授し，対価を得ることをいい，この中にスポーツ指導の対価との記載がないため，現状，クラブの会費（スポーツ指導の対価）は法人税の課税対象では無いことになる（非課税）．ただし，ユニフォームなどの販売は34業種中の物品販売となり，またダンス教室などは一定の技芸教授業等の舞踊，舞踏に含まれることになり法人税の課税対象となる．

　これらの判断は非常に難しいところであるため，都度，税務署等に確認をすることが求められているが，これらの知識を知っておくことで総合型地域スポーツクラブ運営を効率よくすることは今後の発展には欠かせないだろう．

助成金の活用

　総合型地域スポーツクラブの推進を後押しするために，スポーツ振興くじ助成金がある．いわゆるtotoくじ（サッカーくじ）の助成金である．このくじを運営するのは独立行政法人日本スポーツ振興センター（JSC）であり，JSCは数ある業務の中の1つにスポーツ振興のための助成業務を行っている．このくじの目的はJSCのHPの記載によると「我が国のスポーツの国際競技力向上，地域におけるスポーツ環境の整備・充実など，スポーツの普及・振興を図るため，スポーツ振興事業助成（スポーツ振興基金助成，スポーツ振興くじ助成及び競技力向上事業助成等）を行っています.」との記載がある．これらの助成金は，総合型地域スポーツクラブをはじめ，多くのスポーツ団体，さらにはオリンピック・パラリンピックにまで幅広く使用されている．

　申請対象者は地域のスポーツ団体であれば，原則，非営利法人でなければな

らない[13]．そして総合型地域スポーツクラブの活動を支援する目的で申請できる助成金（非営利法人であることを前提とするもの）[14]，及びスポーツ団体を支援する主な内容は内容は以下のとおりである（その他様々なものがあるため，詳細はJSCのHPを参照）．

〔活動を支援する内容のもの〕
総合型地域スポーツクラブ活動助成
　　・総合型地域スポーツクラブ活動基盤強化事業
　　・総合型地域スポーツクラブマネジャー設置事業
スポーツ団体スポーツ活動推進事業
　　・スポーツ活動推進事業

（出所）日本スポーツ振興センターHPより抜粋．

　特にスポーツ振興くじ助成金の活用で注意をしなければならないことは，助成金ありきの予算計画を立てないことである．本来，助成金の概念として，助成金がもらえるからその事業を行うものではなく，仮に助成金が無くとも自ら事業を行うことが前提である．その中で助成金がもらえるならば，コスト負担が少なくなるということである．決して助成金がもらえるからその事業を行うものではない．そのため原則としてかかる経費は全て自ら負担する必要があり，助成金分は用意しなくてよいものではない．その全額の支出に対して助成金が後から支払われるものである（精算払）[15]．

　次にこの助成金を使う事業は利益を出すことができない．仮に利益が出た場合，助成金額が減らされ，収支を合わせる必要がある．このため本来利益を目的とする事業自体にこの助成金を充てることは望ましくない．むしろその利益を出すための事業をさらに増やすためのプレイベントや無料体験会等の実施に使うことが本来の姿なのである．そこで1度でもクラブを体験し，好印象を与えることができれば，本事業の収益（会員）を増やすことに繋がるのである．又はどうしても黒字化することが難しいイベントなどを行う場合に使用するこ

ともこの助成金の使い方として考えることができるだろう.

　総合型地域スポーツクラブは助成金が切れると，運営が滞ってしまうということをよく聞くが，こういった助成金を本事業に使用してしまうことが主な原因である.　本来事業は利益を出し，その利益で次の事業への投資をするはずであるが，助成金を利用することで確かに参加費等を安く抑えられ，人を集めることは楽になるが，結局，収支を合わせなければならないことになり利益を積み上げることができない.　要するに新しい期のスタートは必ず0からのスタートとなってしまうのである.　助成金をもらっているうちは，その助成金で何とか過ごすこともできるだろうが，助成金が切れた途端，何の支援も無い状況からのスタートとなってしまうので，途端に運営が立ち行かなくなってしまうのである.

　総合型地域スポーツクラブの発展のためには，このような助成金に頼らず，まずは自ら稼ぐことを念頭に，もし助成金が使えればコスト負担が減る，だけど仮に使えなくとも自らで事業を行っていく，という考え方をしなければならない.　間違っても助成金頼みのクラブ運営は絶対にしてはならないのである.

総合型地域スポーツクラブとスポーツ少年団

　総合型地域スポーツクラブは2000年発表のスポーツ振興基本計画からスタートし，現在では地域スポーツ活動の拠点となりつつある.　しかし従来，地域のスポーツ活動を担っていた組織の1つにスポーツ少年団があるが，現在，この少年団と総合型地域スポーツクラブの関係性はどのようなものなのだろうか.日本スポーツ協会のHPには少年団について以下の様な記載がある（以下抜粋）.

　〔はじめに〕
　　日本スポーツ少年団は，昭和39年（1964年）の東京オリンピック競技大会に先立ち,「オリンピック青少年運動」の一環として,昭和37年（1962年）に「ス

ポーツによる青少年の健全育成」を目的に創設されました．平成24年（2012年）には，創設50周年を迎え，現在，団数約３万２千団，団員数約69万４千人を擁する日本で最大の青少年スポーツ団体として成長しています．

〔スポーツ少年団の創設とその意義〕
　昭和37年６月23日，日本スポーツ少年団は，日本体育協会創立50周年の記念事業として創設されました．その願いは「１人でも多くの青少年にスポーツの歓びを！」「スポーツを通して青少年のこころとからだを育てる組織を地域社会の中に！」というものでした．当時は産業の機械化・近代化が急激に進み，これに伴う消費文化の浸透などによって，物質的には豊かな生活が送れるようになった反面，人々のこころやからだに大きな問題が起きてきました．とりわけ子どもたちへの影響は大きく，からだを動かすことが少なくなったことによる体力の低下や，地域社会の崩壊による子ども集団の消失が進むとともに，少年犯罪の増加・低年齢化といった問題も顕著になり始めていました．こうした中，子どもたちに地域を基盤としたスポーツの場を提供することにより，正しいスポーツを計画的，継続的に実践し，それによって子どもたちを健全に育成しようと，スポーツ少年団の結成が全国に呼びかけられました．

〔スポーツ少年団の特色〕
　地域における子どもたちの活動には，様々な団体が「青少年の健全育成」という同じ目的をもって活動しています．そうした中にあって，例えばボーイスカウトやガールスカウトが奉仕活動を通したスカウト活動であるように，スポーツ少年団は，スポーツを通した活動が主体となっている点に，その特色があります．スポーツ少年団とはどんな団体なのかを整理してみると，次の５つの要素があります．
　①だれが＝子どもたちが
　②いつ＝自由時間に

③ どこで＝地域社会で

④ なにを＝幅広いスポーツ活動を

⑤ どのようにして＝グループ活動で行っている集団です

　スポーツ少年団の活動は，学校時間や家庭時間を除く自由時間に行い，活動拠点は学校内ではなく，地域社会の中にあります．また，スポーツ少年団の主活動であるスポーツ活動は競技スポーツばかりではなく，発育発達段階を考慮したスポーツ活動のほか，学習活動，野外活動，レクリエーション活動，社会活動，文化活動など幅広く捉えています．こころもからだも大きな成長変化を遂げる時期には，このような多様なプログラムが必要です．そして，このような活動は，異年齢集団の特長を生かしながら，みんなで役割を分担し合い，自主・自立的に行うことが重要です．

〔スポーツ少年団の理念〕

・１人でも多くの青少年にスポーツの歓びを提供する

・スポーツを通して青少年のこころとからだを育てる

・スポーツで人々をつなぎ，地域づくりに貢献する

〔スポーツ少年団のタイプ〕

　スポーツ少年団活動には３つのタイプがあります．第１は年間を通して野球，剣道，サッカー，バレーボールなど，ひとつの種目を行う単１種目型です．第２は年間を通して数種目を指導者や会場の都合，季節や性別，年齢別などに分けて行う併行種目型です．第３は年間を通していろいろな種目を行う複合種目型です．併行種目型と複合種目型を合わせて多種目型と呼びます．ジュニア期に様々な種目を体験することは，生涯スポーツの基礎を身につけるうえで大切なことです．いずれのタイプでも，幅広い活動が好ましいことに変わりありません．

（出所）公益財団法人日本スポーツ協会HP.

1964年の東京オリンピックのレガシーとも言われるスポーツ少年団は，長らく地域における青少年スポーツの環境を支えてきた．一方で2000年には総合型地域スポーツクラブが全国に創設され，子どもからお年寄りまで地域スポーツの核として活動を続けている．スポーツ少年団と総合型地域スポーツクラブの違いは単1種目と多種目，子どもを対象と子供から大人までを対象などいくつかあるが，その多くは同じような地域のスポーツ活動をしているのが現実である．以前，総合型地域スポーツクラブの発展を邪魔しているのは，スポーツ少年団であるとの意見を聞いたことがあるが，この真相はスポーツ少年団と総合型地域スポーツクラブが会員（子供）の取り合いや場所の取り合いをしているためである．例えば同じ地域にサッカー少年団と総合型地域地域スポーツクラブのサッカークラブが存在するなら，会員（子供）の取り合いや場所の取り合いが起こることは目に見えている．そもそも現代は少子化であり，またスポーツをする場所も限られている現状においては仕方がないことである．しかしこのようなくだらない争いをしているようでは私たちの地域スポーツ環境の発展は期待できない．スポーツ少年団と総合型地域スポーツクラブの違い，もしくは各々の本来の存在意義をあらためて明確にしていかなければこの問題は解決しないだろう．

　この問題に関して公益財団法人日本スポーツ協会のHPにはスポーツ少年団と総合型地域スポーツクラブの関係性について以下の記載がある．

〔総合型地域スポーツクラブとの連携・協働〕

　スポーツ少年団，あるいはジュニアスポーツクラブ等への加入動機についてみると，「今行っている種目がしたかった」という回答よりも，「何か運動がしたかった」と「友だちと一緒に楽しめることがしたかった」を合わせた回答が過半数を超えています．このようなことからも，実施したい種目・競技が特定していない子どもたちを受け入れる体制・組織づくりが必要であるといえます．その際，1つの選択肢として考えられる仕組みが総合型地域スポーツクラブで

す．そのような観点から，スポーツ少年団を中心とする総合型地域スポーツクラブづくりを考えた場合，タイプ分けすると，次の２つに大別することができます．

タイプⅠ：内部拡充型 スポーツ少年団が総合型地域スポーツクラブ

タイプⅡ：外部拡張型 スポーツ少年団は総合型地域スポーツクラブの１部門

タイプⅠ（内部拡充型）：ジュニア・リーダーやシニア・リーダーの活動参加を促進し，さらに，認定員や認定育成員の働きかけによって，育成母集団のスポーツ参加を積極的に推し進めていくことにより，多世代型・多種目型の総合型地域スポーツクラブ化をはかっていくというもの．もちろん，組織化の過程で，新規の団員確保や，その保護者，あるいは，子育てを終えた成人・高齢者を積極的に育成母集団（クラブ員）とし，クラブの拡充をはかっていくことが大切です．

タイプⅡ（外部拡張型）：現状の小学生が中心であるスポーツ少年団活動を，ジュニア部門として位置づけ，地域の他のスポーツ活動機会との協力関係を強め，就学前幼児や低学年児童，さらには，中学生から高齢者のスポーツ活動との接続をはかりながら，多世代・多種目型の総合型地域スポーツクラブ化をはかっていくというもの．育成母集団を成人部門の中に位置づけていくという形態も考えられます．

　タイプⅠ，タイプⅡの特徴を整理し直すと次のようになります．両タイプは，それぞれ総合型地域スポーツクラブづくりの過程で形づくられますが，静的，固定的なものではありません．事例として掲げたクラブの形態は，取り組みの経過により変化する可能性があります．また，どちらのタイプが優れていてどちらのタイプが劣るものというものでもありません．「スポーツ少年団」に寄せられる社会の期待がよりよく実現されるためには，スポーツ少年団が地域における認知度をさらに高め，地域社会のより広範な理解と協力を得ながら活動していくことが大切です．これからの社会におけるスポーツ少年団のさらなる充実・発展は，スポーツ少年団が，その社会的使命を如何に遂行していくかにかかっ

ています．そのためには，総合型地域スポーツクラブづくりにスポーツ少年団
が自主的・自律的にかかわっていくことが極めて重要です．

（出所）公益財団法人日本スポーツ協会HP.

　日本スポーツ協会のHPによるとスポーツ少年団は総合型地域スポーツクラ
ブと融合すること（スポーツ少年団が総合型地域スポーツクラブへ発展するパターンと，
スポーツ少年団が総合型地域スポーツクラブのジュニア部門となるパターン）が目指すべ
き姿として紹介されている．確かに青少年に対するスポーツという面ではお互
い同じような事業を行っており，さらに総合型地域スポーツクラブには大人や
高齢者といった幅広い層にまで事業展開がある．そう考えるとスポーツ少年団
の発展的（大人から高齢者まで）な形が総合型地域スポーツクラブとなることが
想像することができるだろう．

　今後，スポーツ少年団と総合型地域スポーツクラブをどのように位置づけて
いくのか．将来的にその名称を含めて統合するような計画があるのか．現実的
に地域スポーツの現場では会員や場所，予算等の取り合いを行っている現状を
１日でも早く解決させるために，日本のスポーツ政策においてその方向性を示
さなければならないだろう．

総合型地域スポーツクラブの自立に向けて

　今後，日本のスポーツ界の発展の核となるであろう総合型地域スポーツクラ
ブであるが，自らで稼ぎ，自らで運営することが最大の課題である．従来，教
育の中でスポーツをしていた私たちはスポーツにお金を支払うことへの抵抗が
あり，スポーツは無料又は安価でできるものとの認識が大きい．また教育であ
るがゆえ，地方自治体も予算を使って私たちのスポーツ環境を提供してくれて
いた．しかし今後は他の誰かに頼るのではなく，自らの意思で事業を行い，稼
いでいかなければならない．スポーツをサスティナブル（継続的）な仕組みに
変えていかなければならないのである．

第　7　章　総合型地域スポーツクラブの現状　　83

そのためにまず必要なことはマネジメントの強化であろう．これは競技の話ではなく，組織運営のマネジメントの話である．どのように収益をあげ，コストを削減し，顧客満足度を上げていくか，一般社会の中で耐えうる組織形態であるか，法令等の遵守（コンプライアンス）が徹底されているか，透明性のある会計をしているか，など様々な部分でマネジメントの強化が求められるだろう．併せてマネジメントを実行できる人材の確保や教育も急務である．

次に総合型地域スポーツクラブの発展には，地方自治体の意思改革も必要となるだろう．スポーツ政策において始まった総合型地域スポーツクラブは，地方自治体の支援を多大に受けてここまで拡大してきた．地方自治体においても総合型地域スポーツクラブの数を増やすことが政策目標として掲げられてきた．今までも創設支援や施設の利用等，地方自治体の支援なしには今日の総合型地域スポーツクラブの成果はなかったといっても過言ではない．しかし今後さらに総合型地域スポーツクラブを発展させるためには，その地方自治体の関与を減らしていかなければならない．できれば地方自治体は地域スポーツに関する自らの事業を総合型地域スポーツクラブに全て任せるくらい地域スポーツ政策において大胆な政策を打ち出してほしい．

総合型地域スポーツクラブはクラブを運営していくために適正な対価（会費等）を得なければならない．指導者報酬や場所代等のコストを賄うために対価（会費等）を得なければならない．しかしその脇で地方自治体が予算（税金）を使って無料スポーツ教室やイベントなどを行っているようでは，それは総合型地域スポーツクラブを苦しめているだけである．地域住民がどちらに参加するかは容易に想像がつくだろう．またスポーツ施設の管理運営も自らが行う，又は県外や市外の民間業者に任せるのではなく，総合型地域スポーツクラブを施設管理者として選定するなど，施設管理の事業を総合型地域スポーツクラブに任せることで総合型地域スポーツクラブを支援することができる．そうすることで地方自治体からすればコストの削減や専門的な指導をすることができ，総合型地域スポーツクラブからすれば活動場所の確保，資金の確保などに大きな期待

が持てる．このように地方自治体と総合型地域スポーツクラブがお互いWIN－WINの関係性になることが期待されているのである．

　しかし現状では総合型地域スポーツクラブは地方自治体の下請け程度の存在価値しかないとの見方もある．本来は縦の関係（主従）ではなく，横の関係（協働）を築くべきであり，お互いの役割が重複しないようにすることが重要である．また地方自治体も民ができるものはなるべく民に委託し，コスト削減に努めるべきであり，そして総合型地域スポーツクラブもその仕事を担えるだけの組織でなければならない．そのためにも法人化が必要であり，また組織のマネジメント意識を高め，さらに人材の育成に努めなければならないのである．

　総合型地域スポーツクラブは地域スポーツ政策の担い手となり，ひいては地域社会のコミュニティとなり，私たちの生活を豊かにすることが，本来，求められている姿なのである．

注

1）兵庫県南部地震による大規模地震災害のこと．

2）不特定かつ多数のものの利益とは「公益」を意味し，その活動によって利益を受ける者が特定されず，広く社会一般の利益となることをいい，例えば構成員相互の利益（共益）を目的とする活動や，特定の個人又は団体の利益（私益）を目的とする活動は，特定非営利活動にはならない．

3）欠格事由とは，

1　成年被後見人又は被保佐人

2　破産者で復権を得ないもの

3　禁錮以上の刑に処せられ，その執行を終わった日又はその執行を受けることがなくなった日から2年を経過しない者

4　この法律若しくは暴力団員による不当な行為の防止等に関する法律の規定（同法第32条の3第7項及び第32条の11第1項の規定を除く．法第47条第1号ハにおいて同じ．）に違反したことにより，又は刑法（明治40年法律第45号）第204条，第206条，第208条，第208条の2，第222条若しくは第247条の罪若しくは暴力行為等処罰

に関する法律（大正15年法律第60号）の罪を犯したことにより，罰金の刑に処せられ，その執行を終わった日又はその執行を受けることがなくなった日から2年を経過しない者

5　暴力団の構成員等

6　法第43条の規定により設立の認証を取り消された特定非営利活動法人の解散当時の役員で，設立の認証を取り消された日から2年を経過しない者

4）会計簿は，正規の簿記の原則に従って正しく記帳すること．

計算書類（活動計算書及び貸借対照表をいう．）及び財産目録は，会計簿に基づいて活動に係る事業の実績及び財政状態に関する真実な内容を明瞭に表示したものとすること．

採用する会計処理の基準及び手続については，毎事業年度継続して適用し，みだりにこれを変更しないこと．

5）新規で法人を立ち上げる場合，いきなり公益認定を受けることはできない．

6）300万円の財産を用意できるならば一般財団法人を選択することは問題ない．

7）共益において営利目的である場合は組合となる．但し組合は法人ではない．

8）日本スポーツ振興センターの助成金では非営利法人としてNPO法人，一般社団法人，一般財団法人は同じ扱いをしている．

9）任意団体でも獲得できることもあるが，法人格の取得を求められることが多い．

10）次の①②のどちらかの要件を全て満たした法人．

①非営利性が徹底された法人（法人税法29の2イ，法人税法施行令3①）

1　剰余金の分配を行わないことを定款に定めていること．

2　解散したときは，残余財産を国・地方公共団体や一定の公益的な団体に贈与することを定款に定めていること．

3　上記1及び2の定款の定めに違反する行為（上記1，2及び下記4の要件に該当していた期間において，特定の個人又は団体に特別の利益を与えることを含みます．）を行うことを決定し，又は行ったことがないこと．

4　各理事について，理事とその理事の親族等である理事の合計数が，理事の総数の3分の1以下であること．

②共益的活動を目的とする法人（法人税法29の2ロ，法人税法施行令3②）

1　会員に共通する利益を図る活動を行うことを目的としていること．

2　定款等に会費の定めがあること．

3　主たる事業として収益事業を行っていないこと．

4　定款に特定の個人又は団体に剰余金の分配を行うことを定めていないこと．

5　解散したときにその残余財産を特定の個人又は団体に帰属させることを定款に定めていないこと．

6　上記1から5まで及び下記7の要件に該当していた期間において，特定の個人又は団体に特別の利益を与えることを決定し，又は与えたことがないこと．

7　各理事について，理事とその理事の親族等である理事の合計数が，理事の総数の3分の1以下であること．

11）逆に3つのうち，1つでも満たさない場合は非課税の扱いとなる．

12）限定列挙とは記載のあるものだけを指し，他の例は含まれない．

13）任意団体で申請できる場合もある．

14）その他，クラブハウス，芝生化，マイクロバスなどの申請もある．

15）概算払いという制度もある．

8 *sports culture*
体育・部活動とスポーツ

体育とスポーツの語源

　2018年4月から日本体育協会は，日本スポーツ協会に名称を変更した．47都道府県体育協会も順次，「体育」から「スポーツ」へ名称変更をするだろう．なぜ「体育」から「スポーツ」に名称変更したのだろうか．そもそも「体育」と「スポーツ」の意味は同じなのだろうか．この答えを見つけるためには「体育」と「スポーツ」の本来の意味を理解する必要があるだろう．

　英語であるsportの語源はラテン語のdeportare（デポルターレ）に遡ると言われる．この意味は「運搬する」「運ぶ」，さらには「その場から離れる」などの意味がある．その後，古代フランス語desporterに継承され，その意味は「気分転換」「気晴らし」などであった．そしてスポーツは，人々の生活の中で何らかの「楽しみ」を意味するようになったのである．

　幕末，明治期以降，欧米のスポーツが日本に紹介されている．明治初期にはスポーツを「遊戯」と漢字表記し紹介され，スポーツを狩猟や釣りといった上流階級のたしなみという意味で理解されていた．そしてパブリックスクールや大学で実施されていた陸上競技やクリケット，フットボール，テニスなどの近代スポーツを総称して「競力」と訳されていた．そして欧米のスポーツは来日した外国人によりさらに日本に広がって行くのである．

　一方，体育の語源は「physical education」，すなわち身体教育から発生したと言われる．20世紀初頭のイギリスでは，体育は今日人間が何らかの機会に享

受することができ，運動を通して行われる教育的営みであることが前提であるとされており，日本において体育は「身体の教育」，つまり「精神教育」に対応する概念として規定されていた．そして近年，体育は「全ての子供たちに，生涯にわたって運動やスポーツに親しむのに必要な要素と，健康・安全に生きていくための身体能力，知識などを身に付けさせることが必要である」と考えられている．

　このようにスポーツと体育はその本質的な意味に違いがあることが分かる．日本では長らくスポーツと体育が混同して使われてきた．そして厳しい鍛錬の要素が加わったことで，体育そして部活動は厳しい，辛いといったイメージが植え付けられてきたのである．このイメージこそがスポーツ嫌いを増やしている原因であろう．

補欠制度

　野球やサッカーなど日本で人気のある集団スポーツには試合に出場できる人数に制限があり，その枠に入らなければ補欠という扱いになる．補欠となれば公式試合などの試合に出場することはできず，スタンドで同年代の選手の活躍を応援する姿は，特に高校野球や高校サッカーなどの部活動ではよく見られる光景である．この光景をどう思うかは人それぞれであるが，外国からみると時に不思議な光景に映るようである．なぜなら外国では補欠という考え方が無いからである．

　現在，サッカー解説者で有名なセルジオ越後の著書『補欠廃止論』[2016] には，ブラジルには補欠が無いと書かれている．ちなみにここで言う補欠とは，ベンチに座って出場を待つ者は含まれない．彼らは控え選手（リザーブ）であり，試合に出場できる可能性がある．この控え選手はブラジルにも当然いるが，日本のように全く試合に出場する可能性が無く，いつもスタンドから応援をしているだけの補欠はブラジルには存在しないという．

　スポーツは本来，試合をして楽しむものであり，もし練習しかしなければス

ポーツの楽しさも半減してしまうだろう．誰でもスポーツをする以上，試合を
したいのは当たり前である．この補欠を生み出している原因は，１つの学校で
１チームしか出場できないということが影響していると指摘されている．例え
ば高校のサッカー部の部員が少なくても，多くても出場できる枠や人数は変わ
らない．これではどんなに競技人口を増やしても，結果，補欠を増やしている
ことになる．補欠を含めたすべての選手から登録費を徴収しているにも関わら
ず，その時点で能力的に他より優れていないと試合に出場することができない．
現実的に日本では，選ばれた者しかスポーツを続けることができないのである．

　ブラジルや欧州などの諸外国では，試合に出場できなければ出場できるクラ
ブに移ってスポーツを楽しむ．そのクラブで試合に出場することが実力的に無
理ならば，自分の実力が通用するクラブを選択することができるのである．そ
れはスポーツを学校でなく，地域のクラブで行っているからできることであり，
その結果，多くの者に試合をする機会が用意されているのである．しかし日本
では学校とスポーツが密接に結びついているため，たとえ自分の実力が通用し
なくても，学校自体を変えようとすることはなかなかできることではない．一
旦，入学してしまうとほとんどの場合，その中で続けていくしか選択肢は無い
のである．よって試合に出場できる枠や数は限られているため，その競争に負
けた者たちは補欠にならざるを得ないのである．補欠の中にはその一時，実力
的に通用しなくとも，将来的に伸びる可能性がある者もいるだろう．しかし補
欠の中ではその可能性を伸ばすことさえも難しいため，結局，次のステージに
進む際にその競技を辞めてしまうことも少なくない．これではスポーツ人口を
増やすと言ってもなかなか増えず，また多くの有望な選手を生み出すこともで
きない．

　「選手」に対する考え方を見ても日本と欧米などでは大きく違う．日本では
スポーツをする者を「選手」と言い，これは「選ばれた者」という意味であるが，
欧米ではそれを「player」と言い，これは「play（遊ぶ）」する者という意味である．
日本では選ばれた者が選手であり，一方，欧米ではスポーツを「する」人，全

第 8 章 体育・部活動とスポーツ　91

てが「player」なのである．このような欧米との違いは，その競技実績におい
ても証明されている．残念ながら日本の集団スポーツは，あまり国際的なスポー
ツ大会で優秀な成績をおさめることができていない．それは競技人口を増やし
ても，結局，選ばれた者しかスポーツをすることができないからであろう．ダ
イヤの原石はまだまだ眠っているにも関わらずである．むしろ日本では個人ス
ポーツのほうが多くの優秀な成績をおさめている．なぜなら個人スポーツには
補欠の概念はなく，基本的には皆，試合にエントリーすることができるからで
ある．その実力次第で勝ち残れるかどうかは人それぞれであるが，試合にエン
トリーできるモティベーションはスポーツをする原動力になるからである．

部活動問題

　近年，中学校，高校における部活動の問題が注目されている．そもそも部活
動とは，どのようなものなのであろうか．中学校学習指導要領（平成29年改訂），
高等学校学習指導要領（平成30年改訂）には以下のように説明されている．

> 　教育課程外の学校教育活動と教育課程の関連が図られるように留意するもの
> とする．特に，生徒の自主的，自発的な参加により行われる部活動については，
> スポーツや文化，科学等に親しませ，学習意欲の向上や責任感，連帯感の涵養等，
> 学校教育が目指す資質・能力の育成に資するものであり，学校教育の一環として，
> 教育課程との関連が図られるよう留意すること．その際，学校や地域の実態に
> 応じ，地域の人々の協力，社会教育施設や社会教育関係団体等の各種団体との
> 連携などの運営上の工夫を行い，持続可能な運営体制が整えられるようにする
> ものとする．
>
> （出所）文部科学省「中学校学習指導要領・高等学校学習指導要領」より抜粋．傍点筆者．

　中学校，高等学校両方の学習指導要領には，「教育課程外の学校教育活動」「生
徒の自主的，自発的な参加により行われる部活動」との記載がある以上，部活
動とは生徒の自主的，自発的な活動である．本来，部活動を生徒に強制するも

のではない．また今回（平成29年 3 月公示）付け加えられた「持続可能な運営体制」が今後の部活動のおいて大きなカギとなるだろう．なぜなら今，部活動自体の存在が危ぶまれているからである．

　現在，社会問題にまで発展している部活動問題であるが，その問題点は勝利至上主義からくる体罰等の問題と教員の労働時間の問題の 2 つが挙げられる．勝利至上主義の問題は，特に強豪校になればなるほど優勝という 2 文字を掲げ，その指導に熱が入る傾向があり，残念ながらその中で教員が生徒に殴る，蹴る，暴言などの暴力ともいえる違法な指導が行われている現状がある．その生徒は試合にでたいがゆえにその行為に何も反論できず，苦しみ，最悪は自殺をしてしまうケースもあった．また本来「学習意欲の向上」，「教育課程との関連が図られるよう」などの記載があるが，現実には部活動が厳しすぎて休みもなく，勉強が疎かになることも指摘されている．この原因として部活動の成績による教員（顧問）の評価や勝てば全国的に有名になることで学校の宣伝（学生募集）に繋がることなど，学習指導要領に記載のある部活動本来の目的以外の要素が強くなっている傾向がある．また 3 年間という短い期間に結果を出さなければならず，その結果，教員も厳しくならざるを得ないのである．この問題は一部強豪校によるものではあるが，生徒の事故やケガ，スポーツ嫌い，燃え尽き症候群などを引き起こす原因にもなり，最悪は自殺者を出すケースもあるためしっかりと考え考えていかなければならない問題である．

　教員の労働時間の問題は，昨今の働き方改革と同様，長時間労働が問題視されている．一般的に教員は通常の授業に加え，部活動の顧問として夕方以降，時間を費やしている．土日や夏休みなどの長期休暇の時も部活動の顧問として立ち会っているにもかかわらず，その報酬は時給換算すると微々たる金額しか支払われていない現状があり，実質ボランティアである．また公益財団法人日本体育協会（現・日本スポーツ協会）「学校運動部活動指導者の実態に関する調査2014」では，保健体育が専門でなく，且つその部活動の競技の経験が無い教員が中学校では約45.9％（n＝3964），高等学校では40.9％（n＝4439）であること

が報告された．これは半数近くの先生が全くの素人で，素人が，子供たちにスポーツを指導しているということであり，生徒たちにとってみれば決してプラスではない．また真面目な教員ほど生徒の期待に応えようと，その競技の指導者研修会などに参加するようであるが，その研修も土日に開催されることが多く，且つ参加費も実費で支払うといったこともあり，やはり教員への負担が大きすぎるといった問題が指摘されている．そもそも部活動の顧問は必ずやらなければならないものではない．そして1度，事故やケガなどの問題が発生するとその責任を教員の求める声も少なくないため，結果的に部活動の顧問になりたくないという教員が増えているのである．長らく日本では子供たちへのスポーツ環境の提供は学校が中心となってきたが，現状はその体制が維持できなくなってきているのである．

　このような問題を解決するためにスポーツ庁は平成30年3月に「運動部活動の在り方に関する総合的なガイドライン」を発表した．

　1　適切な運営のための体制整備
（2）指導・運営に係る体制の構築
　ア　校長は，生徒や教師の数，部活動指導員の配置状況を踏まえ，指導内容の充実，生徒の安全の確保，教師の長時間勤務の解消等の観点から円滑に運動部活動を実施できるよう，適正な数の運動部を設置する．
　イ　学校の設置者は，各学校の生徒や教師の数，部活動指導員の配置状況や校務分担の実態等を踏まえ，部活動指導員を積極的に任用し，学校に配置する．なお，部活動指導員の任用・配置に当たっては，学校教育について理解し，適切な指導を行うために，部活動の位置付け，教育的意義，生徒の発達の段階に応じた科学的な指導，安全の確保や事故発生後の対応を適切に行うこと，生徒の人格を傷つける言動や，体罰は，いかなる場合も許されないこと，服務（校長の監督を受けることや生徒，保護者等の信頼を損ねるような行為の禁止等）を遵守すること等に関し，任用前及び任用後の定期において研

修を行う.

ウ　校長は，運動部顧問の決定に当たっては，校務全体の効率的・効果的な実施に鑑み，教師の他の校務分掌や，部活動指導員の配置状況を勘案した上で行うなど，適切な校務分掌となるよう留意するとともに，学校全体としての適切な指導，運営及び管理に係る体制の構築を図る.

エ　校長は，毎月の活動計画及び活動実績の確認等により，各運動部の活動内容を把握し，生徒が安全にスポーツ活動を行い，教師の負担が過度とならないよう，適宜，指導・是正を行う.

オ　都道府県及び学校の設置者は，運動部顧問を対象とするスポーツ指導に係る知識及び実技の質の向上並びに学校の管理職を対象とする運動部活動の適切な運営に係る実効性の確保を図るための研修等の取組を行う.

カ　都道府県，学校の設置者及び校長は，教師の運動部活動への関与について，「学校における働き方改革に関する緊急対策（平成29年12月26日文部科学大臣決定）」及び「学校における働き方改革に関する緊急対策の策定並びに学校における業務改善及び勤務時間管理等に係る取組の徹底について（平成30年2月9日付け29文科初第1437号）」3を踏まえ，法令に則り，業務改善及び勤務時間管理等を行う.

2　合理的でかつ効率的・効果的な活動の推進のための取組
（1）適切な指導の実施
ア　校長及び運動部顧問は，運動部活動の実施に当たっては，文部科学省が平成25年5月に作成した「運動部活動での指導のガイドライン」に則り，生徒の心身の健康管理（スポーツ障害・外傷の予防やバランスのとれた学校生活への配慮等を含む），事故防止（活動場所における施設・設備の点検や活動における安全対策等）及び体罰・ハラスメントの根絶を徹底する．都道府県及び学校の設置者は，学校におけるこれらの取組が徹底されるよう，学校保健安全法等も踏まえ，適宜，支援及び指導・是正を行う.

イ　運動部顧問は，スポーツ医・科学の見地からは，トレーニング効果を得る
　ために休養を適切に取ることが必要であること，また，過度の練習がスポー
　ツ障害・外傷のリスクを高め，必ずしも体力・運動能力の向上につながら
　ないこと等を正しく理解するとともに，生徒の体力の向上や，生涯を通じ
　てスポーツに親しむ基礎を培うことができるよう，生徒とコミュニケーショ
　ンを十分に図り，生徒がバーンアウトすることなく，技能や記録の向上等
　それぞれの目標を達成できるよう，競技種目の特性等を踏まえた科学的ト
　レーニングの積極的な導入等により，休養を適切に取りつつ，短時間で効
　果が得られる指導を行う．また，専門的知見を有する保健体育担当の教師
　や養護教諭等と連携・協力し，発達の個人差や女子の成長期における体と
　心の状態等に関する正しい知識を得た上で指導を行う．

3　適切な休養日等の設定
ア　運動部活動における休養日及び活動時間については，成長期にある生徒が，
　運動，食事，休養及び睡眠のバランスのとれた生活を送ることができるよう，
　スポーツ医・科学の観点からのジュニア期におけるスポーツ活動時間に関
　する研究も踏まえ，以下を基準とする．
○　学期中は，週当たり2日以上の休養日を設ける．（平日は少なくとも1日，
　土曜日及び日曜日（以下「週末」という．）は少なくとも1日以上を休養日とする．
　週末に大会参加等で活動した場合は，休養日を他の日に振り替える．）
○　長期休業中の休養日の設定は，学期中に準じた扱いを行う．また，生徒が
　十分な休養を取ることができるとともに，運動部活動以外にも多様な活動
　を行うことができるよう，ある程度長期の休養期間（オフシーズン）を設ける．
○　1日の活動時間は，長くとも平日では2時間程度，学校の休業日（学期中
　の週末を含む）は3時間程度とし，できるだけ短時間に，合理的でかつ効
　率的・効果的な活動を行う．

4　生徒のニーズを踏まえたスポーツ環境の整備

（２）地域との連携等

ア　都道府県，学校の設置者及び校長は，生徒のスポーツ環境の充実の観点から，学校や地域の実態に応じて，地域のスポーツ団体との連携，保護者の理解と協力，民間事業者の活用等による，学校と地域が共に子供を育てるという視点に立った，学校と地域が協働・融合した形での地域におけるスポーツ環境整備を進める.

イ　公益財団法人日本体育協会，地域の体育協会，競技団体及びその他のスポーツ団体は，総合型地域スポーツクラブやスポーツ少年団等の生徒が所属する地域のスポーツ団体に関する事業等について，都道府県もしくは学校の設置者等と連携し，学校と地域が協働・融合した形での地域のスポーツ環境の充実を推進する. また, 学校の設置者等が実施する部活動指導員の任用・配置や，運動部顧問等に対する研修等，スポーツ指導者の質の向上に関する取組に協力する.

ウ　地方公共団体は，学校管理下ではない社会教育に位置付けられる活動については，各種保険への加入や，学校の負担が増加しないこと等に留意しつつ，生徒がスポーツに親しめる場所が確保できるよう，学校体育施設開放事業を推進する.

エ　都道府県，学校の設置者及び校長は，学校と地域・保護者が共に子供の健全な成長のための教育，スポーツ環境の充実を支援するパートナーという考え方の下で，こうした取組を推進することについて，保護者の理解と協力を促す.

5　学校単位で参加する大会等の見直し

ア　公益財団法人日本中学校体育連盟は，主催する学校体育大会について，４を踏まえ，単１の学校からの複数チームの参加，複数校合同チームの全国大会等への参加，学校と連携した地域スポーツクラブの参加などの参加資

第　8　章　体育・部活動とスポーツ　　97

格の在り方，参加生徒のスポーツ障害・外傷の予防の観点から，大会の規模もしくは日程等の在り方，スポーツボランティア等の外部人材の活用などの運営の在り方に関する見直しを速やかに行う．また，都道府県中学校体育連盟が主催する大会においても，同様の見直しが行われるよう，必要な協力や支援を行う．

イ　都道府県中学校体育連盟及び学校の設置者は，学校の運動部が参加する大会・試合の全体像を把握し，週末等に開催される様々な大会・試合に参加することが，生徒や運動部顧問の過度な負担とならないよう，大会等の統廃合等を主催者に要請するとともに，各学校の運動部が参加する大会数の上限の目安等を定める．

ウ　校長は，都道府県中学校体育連盟及び学校の設置者が定める上記イの目安等を踏まえ，生徒の教育上の意義や，生徒や運動部顧問の負担が過度とならないことを考慮して，参加する大会等を精査する．

（出所）スポーツ庁「運動部活動の在り方に関する総合的なガイドライン」平成30年3月より抜粋．

　今後，少子化がさらに進むことを考えれば，子供たちのスポーツ環境の整備について，長期的に従来の学校単位での活動から地域単位での活動も視野に入れた体制の構築が求められることだろう．そのため学校部活動の民間への外部委託や専門家の活用などの取り組みが始まっている．

大学部活動改革

　部活動の改革は中学校，高校だけではなく，大学にもその影響を及ぼしている．2017年第2期スポーツ基本計画には大学スポーツにおいて以下の取り組みが期待されている．

　〔大学のスポーツ資源の活用（学生・指導者・研究者・施設）〕

　　数　値　目　標：日本版NCAAの設立に向けてスポーツアドミニストレーターを

配置する大学数を100大学とする.

具体的な施策：スポーツアドミニストレーター（大学におけるスポーツ分野を戦略
　　　　　　　的かつ一体的に管理・統括する部局や人材）主導のもと,

① スポーツによる大学活性化

② 大学のスポーツ資源の活用

③ 質の高いスポーツ人材の育成

④ 学生のスポーツ環境の整備

⇒ 大学スポーツを地域・経済の活性化の起爆剤へ

（出所）スポーツ庁［2017］より筆者編集.

　この計画では大学スポーツを地域・経済の活性化の起爆剤とするために, その1つとして「日本版NCAA」の設立が謳われている. これはアメリカのNCAA（National Collegiate Athletic Association：全米大学体育協会）を参考に日本版のNCAAを設立しようというものである. NCAAとは昔アメリカの大学で人気であったアメリカンフットボールにおいて, 激しいぶつかり合いによる死傷者が続出していたことからいくつかの大学ではアメリカンフットボールを禁止する動きがあった. これではアメリカンフットボールをする大学が減ってしまうとの心配から当時の大統領が1905年に大学関係者を集め, アメリカンフットボールのルールの整備と選手資格基準の統一を指示した. そして1910年にその前身となる組織IAAUS（Intercollegiate Athletic Association of the United States）が改称し現在のNCAAとなった.

　NCAAの特徴は, 加盟する大学をその規模や考え方などからいくつかのディビジョンに分けている. 日本では各競技ごとでリーグが構成され, 他の競技との関連性はないが, NCAAは原則, そのディビジョンに加盟する大学同士の試合が繰り広げられる. そして各部活においてはユニフォームなどのカラーを統一して大学の一体感を醸造している. またNCAAでは放映権やグッズ販売, スポンサーの獲得等のビジネスが行われ, その収益がNCAA加盟大学に分配

第 8 章 体育・部活動とスポーツ　99

され，大学のスポーツ振興に充てられている．そのため大学スポーツに「みるスポーツ」としての要素が盛り込まれており，その施設もプロスポーツが使用できるほどの立派な施設であることも少なくない．このように大学スポーツをビジネスとして捉え成功しているNCAAであるが，もう１つ大きな特徴がある．それはアスリートである前に学生として学業を疎かにしてはいけないということである．NCAAでは大学のテストにおいて一定以上の点数を取らないと部活動をすることができないなどのルールがあり，そのためNCAAでは勉強をすることを徹底させている．そして各大学に部活動をマネジメントするアスレティックデパートメントが設置されており，この部署が大学スポーツをオペレーションすると同時に学生アスリートの勉強の支援も行っている．大学スポーツのビジネス化だけが注目されるNCAAであるが，このように学業に関してもしっかりとした取り組みがなされているのである．

　日本版NCAAの構想は2019年からその名称を「大学スポーツ協会（Japan Association for University Athletics and Sport：UNIVAS)」と改称し新たな展開に進む予定である．設立理念として，「大学スポーツの振興により，「卓越性を通する人材」を育成し，大学ブランドの強化及び競技力の向上を図る．もって，わが国の地域・経済・社会の更なる発展に貢献する．」を掲げている．以下がスポーツ庁HPに記載されている設立背景である．

〔設立背景〕

　日本の大学スポーツは，明治時代近代スポーツが日本に入り込む時期，大学を中心にして花開き，大衆にも浸透していくなど，オリンピックへの選手輩出や，プロスポーツに先駆けた発展と，古くから日本スポーツには欠かせない存在である．オリンピアンの約３分の２を大学生または大学卒業者が占めるなど，我が国のスポーツの発展や競技力の向上において，大学の運動部活動やそこに所属する学生アスリートの果たしてきた役割は大きい．

　しかし大学スポーツは，大学内で課外活動として位置づけられ，学生（やOB）

を中心とする自主的・自律的な運営が行われ発展してきた経緯から，大学内でも個々の部の活動として自治の努力を重ねている現状が多く，大学の関与が限定的で学内でも競技横断的に全学的にスポーツ分野の取組を一体的に行う部局を置いていない大学が多いのが現状である．

　運動部活動に所属する一部の学生においては，運動部活動に偏重するあまり，学生アスリートの学業環境の整備が十分になされていない．また運動部活動とスポーツ医科学等の教育・研究の連携が不十分で，学生の安全の確保，事故防止及び発生時の対応も個々の部で対応している等，体制の課題における指摘もある．

　また同様に，大学における大会の開催や競技規則の運用等の役割を担う学生競技連盟（いわゆる学連）も，競技ごと，さらには地域ごとに組織が存在するほか，法人格を取得していない組織も存在するなど，組織体制や他の競技団体等との連携が不十分な場合が多い．

　高体連（全国高等学校体育連盟）や中体連（日本中学校体育連盟）のような，学校及び競技横断的な統括組織が大学スポーツのみ存在していない状況が続いていた．

　一方，大学スポーツ先進国のアメリカでは，ＮＣＡＡ（全米大学体育協会：National Collegiate Athletic Association）という大学横断的かつ競技横断的統括組織が1910年より存在し，大学スポーツ全体の発展を支えている．当初は多発していた障害や死亡事故の対策や，学業との両立の体制確保など，規則や体制の策定，その後大会の開催など事業・マーケティング的にも発展を遂げ，大学スポーツの振興へ自己投資できる環境へと成長をした．

　以上のとおり，日本の大学の運動部活動は，様々な課題を抱えて活動を続けているが，このような状況が続いた場合，将来，活動が停滞，さらには衰退していくことが予想され，大学の運動部活動が持つ様々な資源や公益的な役割を発展させていくためには，抜本的な改革の時を迎えている．

（出所）スポーツ庁HP．

社会的意義
大学ブランドの
強化
卓越した人材の育成
人格形成
健康増進
学力向上
安全安心を確保した
大学スポーツの振興
地域の活性化
競技力の向上
スポーツの
経済的価値の拡大

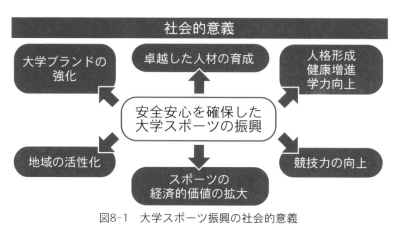

図8-1　大学スポーツ振興の社会的意義

（出所）スポーツ庁HP「一般社団法人　大学スポーツ協会（UNIVAS）設立概要」.

大学スポーツ協会（UNIVAS）の役割
新しいサービスの提供（イメージ）
学業充実
○学業基準の策定・普及
○e-learning プログラムの策定・普及
○キャリア形成支援プログラムの策定・普及
○学業優秀者表彰の創設
○学生アスリート向け奨学金制度の創設
安全安心
○安全・安心ガイドラインの策定・普及
○相続窓口の設置
○スポーツ医科学の研究
○データベースセンターの構築
○保険加入支援キャンペーンの実施
○コンプライアンス・ガイドラインの策定・普及
○学生アスリート健康状態調査と結果公表
○指導者への各種研修の実施
事業マーケティング
○競技横断的大学対抗戦の開催（既存大会を前提としたポイント制）
○地域ブロックにおける大会運営への助成
○競技日程・競技映像のインターネット配信
○大学におけるアスレチックデパートメント設置や
スポーツアドミニストレーター配置に係るガイドライン策定
○スポーツ優秀者表彰の創設
○競技力向上のための助成金制度の創設
○会計管理に係る先行事例集の作成
○ビッグデータを活用したサービス開発・提供
○国際競技大会の開催
大学
A大学・・
B大学・・
C大学・・
D大学・・
学連
A学連・・
B学連・・
C学連・・
D学連・・
好環境
提供
加入者
増加
技術
提供
来場者
増加
サービス
提供
サービス
提供
加入
加入
大学
スポーツ協会
（UNIVAS）
人材
提供
情報
発信
協賛
資金
プログラム
興味
関心
サービス
提供
企業
消費者
商品
訴求
ブランド
価値
大学スポーツ協会が、大学・学連と密に連携し、企業や消費者との核となり繋ぐことで、好循環サイクルを実現

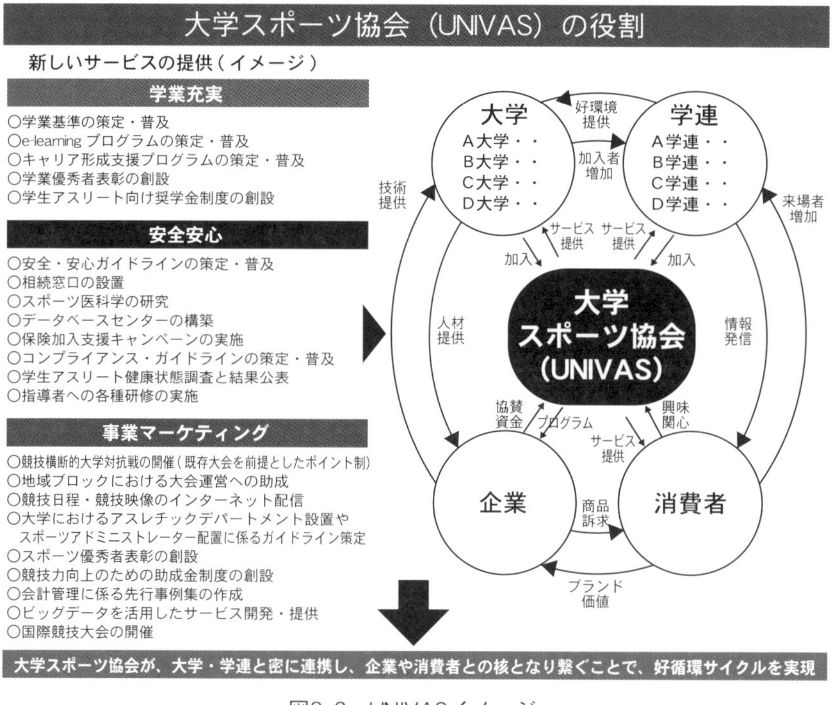

図8-2　UNIVASイメージ

（出所）スポーツ庁HP「一般社団法人　大学スポーツ協会（UNIVAS）設立概要」.

学生にとってのメリット

安全安心	学修環境とキャリア形成	競技環境向上
相談窓口の整備や安全対策の実施などにより、怪我後の心配などをすることなく、安心して競技に専念することができます。	体育会所属の学生が自らの人生を設計し歩んでいけるキャリアプログラムの提供や、学修環境を提供します。	表彰制度などを通じて学生生活に必要な資金援助等を行い、学生がスポーツや学修に集中できる支援を行います。
コミュニティの形成	先端技術や知識の提供	貴重な機会と体験
スポーツや様々なプログラムを通じて一般学生やOBOGとの交流を大学のワクを超えて作れるコミュニティ形成の場を提供します。	大学や企業間の連携を促進することOBOGの知識や経験、最先端の技術に触れる機会を提供します。競技力向上の機会を確保します（最先端技術の提供）。	スポーツを通じた成功体験のみならず、海外体験や社会貢献プログラムなど学生生活にとってかけがえのない機会と体験を提供します。

図8-3　学生のメリット

（出所）スポーツ庁HP「一般社団法人　大学スポーツ協会（UNIVAS）設立概要」.

大学の加盟メリット

ブランド向上	外部資金獲得	指導者研修
スポーツを活用した大学のブランディング、資金獲得を図ることができ、地域活性化にも貢献できます。	大学が学業両立、安全安心なスポーツ実践環境を学生に提供するに当たって、UNIVASの提供するプログラムや資金を活用することができます。	大学のスポーツ管理部門の整備（指導者への研修を含む。）に対する支援を受けることができます。
表彰制度	研究推進	映像配信
学生が学業やスポーツの成績優秀者に対する表彰を受賞することができ、教育効果の向上を促します。	UNIVASが構築するデータベースセンターを活用して、各種データを活用し、様々な研究をすることができます。	競技のインターネット配信を通じて、大学の知名度を上げることができます。

図8-4　大学のメリット

（出所）スポーツ庁HP「一般社団法人　大学スポーツ協会（UNIVAS）設立概要」.

競技団体の加盟メリット		
安全安心対策 安全対策にUNIVASが提供するサービスや資金を活用することができます（例：医療関係者の試合への派遣）．	助成金獲得 地域ブロックにおける大会運営に対する助成金を受けることができ，競技力向上にもつながります．	観客数増加 競技横断的大学対抗戦（ポイント制），インターネット配信等により大学スポーツ全体の活性化を図ることができます．特にマイナースポーツ団体にとっては，競技および観戦人口の増加が期待されます．
負担軽減 UNIVASが提供するサービスによって，競技団体の負担を軽減できます（例：チケットのオンライン販売サポートはじめ，各種事務負担の軽減）．	海外交流 将来的には，世界大会や海外交流戦を予定しており，競技力の向上，マーケットの拡大をすることができます．	映像配信 競技のインターネット配信を通じて，競技自体の知名度を上げることができます．

図8-5　学連のメリット

（出所）スポーツ庁HP「一般社団法人　大学スポーツ協会（UNIVAS）設立概要」．

　UNIVASでは，学業充実，安全安心，事業マーケティングの3つのサービスを柱とし，大学スポーツの新しい形を構築していく予定である．UNIVASが設立されることで学生，大学，そして競技団体のメリットは図8-3，図8-4，図8-5のとおりである．

　従来，大学の部活動という組織自体が形のないあやふやな組織であり，また学連やリーグ自体も任意団体であることが多く，その責任の主体がどこにあるのか分からないことも少なくなかった．その割には大きなお金が動く場合もあり，そのお金の管理を誰が責任を持っているのか，その決算や会計報告などはしっかりとされているのか，など疑問を持たざるを得ない場合が少なくなかった．今後，UNIVASが設立（法人化）されることにより，これらのお金の管理や責任の主体などが明確化されることになるだろう．また各大学に設置予定のアスレティックデパートメント[2]においても法人化し，各大学の部活動の責任の主体を明らかにする必要もあるだろう．そして明確な責任主

体と透明性のある会計によって，一層，大学スポーツ界にお金が流れる仕組みを作り，大学スポーツ全体が反映することが望まれているのである．

注

1）知・徳・体（生きる力）を備えた，身体面・精神面と学業面で優れた人材．

2）大学内部のスポーツを司る部署．

9 スポーツ団体の不祥事

sports culture

スポーツ・インテグリティ

　近年，スポーツ団体の不祥事に注目が集まっている．セクハラやパワハラ，不正会計，助成金の不正受給等々，様々な問題に事欠かない．正直なところこのような問題は過去から脈々と受け継がれてきた問題であるが，今まで大きな問題とされてこなかったことに深い闇が隠されている．しかし2020年東京オリンピック・パラリンピックの開催が決まり，スポーツへの期待や関心が高まり，また多額の税金の投入によりそれを受けるスポーツ団体側のガバナンスやコンプライアンス，モラルに対して厳しい目が向けられるようになった．

　スポーツ基本法第5条（スポーツ団体の努力）では，ガバナンスやコンプライアンスに関する記載もあり，今後ますますスポーツ団体は自らに厳しく団体運営をしていかなければならない．そして2017年第2期スポーツ基本計画では，「スポーツ・インテグリティ」という言葉が紹介されている．

〔スポーツ・インテグリティの向上〕

●スポーツ・インテグリティ（誠実性・健全性・高潔性）

　⇒スポーツに関する不正の防止

　　ドーピング

　　八百長

　　違法賭博

暴力

ハラスメント

差別

団体ガバナンスの欠如　等

●スポーツ・インテグリティ（誠実性・健全性・高潔性）の向上

　⇒教育・情報提供・危機管理体制

（出所）スポーツ庁［2017］より筆者編集.

　インテグリティとは誠実性・健全性・高潔性と訳され，スポーツ・インテグリティとは，スポーツの誠実性・健全性・高潔性という意味になり，スポーツに関する不正の防止である．ドーピングや八百長，違法賭博，暴力，ハラスメント，差別，団体ガバナンスの欠如等，今後日本スポーツ界の更なる発展においては，欠かせない部分である．日本ではドーピングや八百長といったことに関しては世界に比べてそれほど多いわけではなかったが，暴力やハラスメント，差別，団体のガバナンスの欠如等においては今まで十分でなかったことは否めない．先輩や元メダリストなどの力が強く誰も逆らえない，団体内の派閥争いがある，などこれらの結果，現役のアスリートや指導者に不利益が及ぶようなことが実際に起こっているのである．2011年スポーツ基本法では私たちにスポーツ権が確立されたことにより，スポーツ団体は，スポーツをする者の権利利益の保護が最重要課題となった．また度重なるスポーツ界の不祥事により，このスポーツ・インテグリティという言葉に注目が集まったのである．

　第2期スポーツ基本計画では，今後，2025年に日本のスポーツ産業を15兆円規模の産業に押し上げようと計画している．このように日本のスポーツ界においてもお金を「稼ぐ」ことが期待されているのである．しかしお金を「稼ぐ」ためにはスポーツ団体側に不正があってはならない．特に大金が絡むと時に不正が起こりがちである．今後，スポーツ産業が拡大するその根底には不正の無い，クリーンなスポーツ界でなければならない．そのためはスポーツ界におい

てスポーツ・インテグリティについて真剣に考え，取り組んでいかなければならないのである．

スポーツ事故の防止

2011年のスポーツ基本法には，国と地方公共団体にスポーツ事故の防止を求めている．また国に対してスポーツに関する紛争の迅速かつ適正な解決を求めている．

〔スポーツ事故の防止等〕

第十四条　国及び地方公共団体は，スポーツ事故その他スポーツによって生じる外傷，障害等の防止及びこれらの軽減に資するため，指導者等の研修，スポーツ施設の整備，スポーツにおける心身の健康の保持増進及び安全の確保に関する知識（スポーツ用具の適切な使用に係る知識を含む．）の普及その他の必要な措置を講ずるよう努めなければならない．

(出所) スポーツ基本法．

スポーツにおける事故やケガについては，長年様々な角度から検討されてきた．本来，スポーツとはリスク（事故やケガ）がつきものであり，そのスポーツに参加する者はそのリスクを承諾していると考えられているため競技規則に則った上で起こった事故やケガの責任は，原則，自己責任と考えられている．しかし必ず全ての責任が自己責任となるわけではない．例えば注意義務や安全配慮を怠った場合，その相手方や指導する側にもその責任が問われる可能性がある．そしてその不注意などが原因で相手に損害を与えてしまった場合，損害賠償を請求されることもある．スポーツには本来リスクがあるが，そのリスクが当たり前のようではスポーツの発展は望めない．だからこそスポーツをする者を含めて，スポーツ活動中のリスク（事故やケガ）について，技術・指導の側面とそして法律の側面から私たち1人ひとりがしっかりと考えなければならない．

〔スポーツに関する紛争の迅速かつ適正な解決〕

第十五条　国は，スポーツに関する紛争の仲裁又は調停の中立性及び公正性が確保され，スポーツを行う者の権利利益の保護が図られるよう，スポーツに関する紛争の仲裁又は調停を行う機関への支援，仲裁人等の資質の向上，紛争解決手続についてのスポーツ団体の理解の増進その他のスポーツに関する紛争の迅速かつ適正な解決に資するために必要な施策を講ずるものとする．

（出所）スポーツ基本法．

スポーツにおける紛争の解決

従来，スポーツ団体と選手との間に何らかの争いが生じた場合，多くは選手が泣き寝入りするしかなかったのが現状である．なぜならスポーツ団体には大きな権力があり，それに反抗すると選手自らの立場が悪くなることもあるかもしれない．また先輩と後輩といった厳しい上下関係がそうさせてきたということもある．しかしスポーツ権が確立され，スポーツをする者の権利利益の保護が明文化された今日においては，選手側の言い分もしっかりと受け入れられる仕組みが必要である．

現在，スポーツ団体と選手との紛争を解決する仕組みとして公益財団法人日本スポーツ仲裁機構（以下「JSAA」という）がある．JSAAは2003年法人格のない団体としてスタートした．JSAAの主な活動はスポーツに関する法，及びルールの透明性を高め，個々の競技者と競技団体との間に生じた紛争の仲裁，または調停による解決を通じて，スポーツの健全な振興を図ることを目的としている．

スポーツで生じるトラブルは全て法律で解決できるものばかりではない．例えば，代表選考が不透明である，処分の結果が重すぎるなど，法律に違反するものではなく，競技団体内のルールに違反するような場合もある．このような場合にJSAAは当事者の間に入り，問題解決を促す役割を担っているのである．またスイスには世界のスポーツに関連する様々な問題を国の裁判所でなく，ス

ポーツ界の枠内で解決するため，スポーツ仲裁裁判所：Court of Arbitration for Sport（以下「CAS」という）がある．

身近にあるスポーツ権の問題

スポーツ権や紛争の解決は，トップスポーツだけの話ではない．私たちの身近なスポーツにおいても問題は生じている．例えば少年サッカーの移籍問題がその一例である．これは地域の少年サッカーにおいて，選手が他のクラブに移籍を希望するときに，現クラブの承諾がないと移籍ができないといったことがしばしば問題視されてきた．選手本人からすれば何らかの理由でクラブを移ることは退団すれば問題のないことである．しかし現クラブからすれば，もしその少年が主力選手である場合，他のクラブから引き抜きにあったなどという気持ちになることもある．またその選手がいなくなると人数が足りない，会費が減ってしまうなどの理由もあるだろう．そのようなことを防ぐためにローカルルールとして，アマチュアスポーツにもかかわらず，クラブを移る場合は現クラブの承諾がなければならないというルールが存在していたのである．

この問題に対して日本サッカー協会「サッカー選手の登録と移籍等に関する規則」には次のようなルールがある．

〔サッカー選手の登録と移籍等に関する規則〕
第20条〔移籍の手続き〕
1. 選手が移籍を希望する場合，当該選手は，移籍元チームから登録抹消され，移籍先チームが登録申請をし，本協会の承認を得なければならない．
2. 本規則の定めにより移籍元チームが抹消申請をするべきにもかかわらずこれを行わないときは，本協会は，移籍を希望する選手の申請に基づき移籍元チームの承諾に代わる決定をなすことができる．
（出所）日本サッカー協会HP「サッカー選手の登録と移籍に関する規則」．傍点筆者．

日本のサッカーを統括する日本サッカー協会のルールでは，本人が移籍を希望する場合，速やかに登録抹消手続きがされなければならないはずであるが，地域レベルではこれが守られていないことがしばしばあった．移籍したい理由は様々であるが，試合に出場できないならば出場できるクラブに移りたいのは自然なことであるし，またクラブ内でいじめなどがあった場合などは他のクラブ移ることは当然の選択肢である．にもかかわらずクラブ側の理由で一方的に移籍ができないということは，これこそ私たちのスポーツ権を侵害することになるだろう．

　また少年サッカークラブがリーグ戦への登録ができないため公式戦に参加できないという問題がある．一般的に公式戦を戦うためには，団体やリーグ等への登録が必要となるが，この登録の際に何らかの理由を付けられ登録不可＝公式戦に参加できないということがある．その不可となる理由の多くは公式戦の会場を確保できないといったことであるが，確かに子供の，アマチュアの大会であるため，試合会場の確保は簡単ではない．地域にある既存の小学校は昔からあるクラブにおさえられている．だから試合会場を提供できないために登録が認められないのである．しかし根本的に小学校は誰のものなのか，ということを考えると，昔からあるクラブのものではなく，地域のものである．昔からあるという理由だけでその小学校をいちクラブが専有することは本来できないはずである．しかし現実には昔からあるクラブが専有しているために，新しいクラブはその小学校が使えず，結果として公式戦に参加できないという状況がある．このような問題もスポーツ権の観点から早急に解決されなければならないことであり，このような不当な登録要件は今後撤廃されることだろう．

　従来，スポーツ側の理屈で通ってきたものが現代に合わなくなってきているものがある．そのよう理屈は現代版に変えていかなければならない．少なくともスポーツ団体側の理由で子供たちやアスリートが不利益を被ることがあってはならない．アスリートファーストという言葉があるようにまずはアスリートが活躍する環境がベストなものとなるように努めなければならない．そのため

にスポーツ団体のガバナンスやコンプライアンスが重要とされ，そして今後は
スポーツインテグリティ（誠実性・健全性・高潔性）が求められる時代なのである．

10 sports culture
2020年以降の日本のスポーツ界に向けて

スタジアム・アリーナ改革

　2017年の第2期スポーツ基本計画ではスポーツ産業を基幹産業と位置づけ，2025年には15兆円規模の産業に成長することが期待されている．日本のスポーツ産業は欧米などと比べてもまだまだその規模は大きくない．例えばJリーグで1番稼ぐクラブは浦和で，年間収入は約60億円前後であるが，欧州のトップクラブとなれば年間約1000億円程度を稼ぎ出している．またJリーガーの平均年俸が2000万円前後，トップ選手（日本人）でも1億前後であるが，欧州では年間数億〜数十億を1人で稼いでいるプレーヤーもいる．さらにアメリカの5大スポーツ（MLB，NBA，NFL，NHL，MLS）もビジネスとしては巨大なマーケットである．今後，日本のスポーツ産業も世界のような稼ぐマーケットに成長していくために様々な取り組みをしていく必要があるだろう．しかしスポーツが教育の中で育ってきた日本においてスポーツの産業化，いわゆるスポーツで稼ぐことへのアレルギーは根深く残っている．「スポーツで稼ぐとは何事だ」と誤解している人も少なくない．まずはこのような誤解を解いていくことが先決であろう．

　第2期スポーツ基本計画では，スポーツの産業化に向けて① スタジアム・アリーナ改革，② スポーツ経営人材の育成・活用，③ 新たなスポーツビジネスの創造・拡大の3つが具体的な施策として掲げられている．まずスタジアム・アリーナ改革においては「稼ぐ施設」が目標である．日本のプロスポーツの多

くはホームスタジアムやアリーナを地方自治体から借りている．このような大型施設を自前で所有しているケースはそう多くない．そのため施設の使用にあたり制限がある場合が多く，その制限がネックとなり，収益を上げることができない場合もある．また借りている以上，賃料を支払わなければならず，年間施設賃料が経営を圧迫することもある．これらの問題を解決するためには自前の施設を所有することが1番であるが，それは非常にコストがかかるため現実的ではない．そのため指定管理者制度の活用や地方自治体との話し合いの中で[1]，プロスポーツ側がある程度自由に使用できるような仕掛けをしていく必要があるだろう．参考になるケースとしてJリーグガンバ大阪の市立吹田サッカースタジアムやプロ野球横浜DeNAベイスターズの横浜スタジアムなどがある[2]．

　次に集客を増やすためにはスタジアムやアリーナは快適な場所でなければならない．まずアクセスが良いことは重要である．また送迎バスがある，駐車場が広く渋滞が無いことなども集客において必要な要素である．その点，従来の日本のスポーツ施設のアクセスはあまり良いとは言えない．この問題は既存の施設はなかなか解決できる問題ではないが，今後新設する施設の場合は，施設の立地について十分に検討しなければならないことだろう．

　さらにホスピタリティ（おもてなし）についても考えていかなければならない．イスの形状やトイレの数，飲食の提供，動きやすい動線，イベントの開催，大型ビジョンの設置，そして屋根付きのスタジアムなど，施設は選手目線だけでなく，観客目線からも考えていかなければならない．この点については，現在「スマートスタジアム（賢いスタジアム）」に注目が集まっている．スマートスタジアムとはスタジアム内にWi-Fiを設置し，常にインターネットにつなげる環境を提供することで，ICT[3]を利活用してヒト・モノ・コトが相互につながる仕組みやスタジアム内で楽しめるコンテンツやサービスを提供することができる．例えば手持ちのスマートフォンやタブレットなどで入口から座席までをナビゲートできたり，トイレの込み具合を確認できたり，またリプレイやオリジナルコンテンツの動画などを見ることができる．さらに座席にいながら飲食の

注文ができ，座席まで運んでくれることも可能である．そして集まったビッグデータを活用し，さらなるサービスの向上につなげることで，顧客満足度を上げ，さらには新たなファン層を開拓し，スタジアムへの来場を促すことができるのである．スタジアムやアリーナは，ただの競技場・体育館ではなく，エンターテインメントの場として生まれ変わるのである．

〔鹿島アントラーズのスマートスタジアム〕

　現在，Jリーグではスタジアムに高密度Wi−Fi網を設置し高速インターネットが快適につながる環境を整備することで，情報サービス提供などを含めたICT化事業を推進している．これを総称して，「スマートスタジアム」と呼ぶが，将来的にはICTを活用し，ヒト・モノ・コトが相互につながる仕組みやスタジアム内コンテンツやサービスを充実化させることで観戦者の満足度を高めるとともに，さらに新たなファン層を開拓し，地域とつながるスポーツ産業を発展させることを目標としている．このJリーグの「スマートスタジアム」構想のパイロットスタジアムとなったカシマスタジアムは専用ポータルサイト「ANTLERS Wi−Fi PORTAL」を立ち上げ，VR動画施策やAR施策なども行った．今後も様々な施策を実験的に行うことで，日本のスタジアム・アリーナ産業の先駆けを担う．

〔カシマスタジアムでの事例〕

●mercari day VR動画配信
　オリジナルVRキットを配布し，試合前の選手バス内，ロッカールームやウォーミングアップの様子を楽しめるVR動画をANTLERS Wi−Fi PORTALで配信しました．
●AR施策「スマホをかざして，しかおを探そう」
　AR（仮想現実）技術を活用し，スタジアム内３Fコンコースに設置されたポスターの指定マークをスマートフォン用アプリで読み取ると，選手たちの画像が飛び出たり，３Dのしかおが出現したりするイベントを実施しました．

●来場者プレゼント企画「鹿BIG」

ANTLERS Wi−Fiからの接続で来場者を明確に識別し，来場者のみが参加できるプレゼント企画「鹿BIG」をANTLERS Wi−FI PORTAL内で実施しました．

●Antlers Photo Project

Antlers Photo Projectとは，毎ホームゲームで変わる特別フォトフレームを使って，写真撮影ができるフォトブースのことです．撮影した写真は携帯端末に無料でダウンロードしたり，「#しかフォト」をつけてSNSに投稿すれば，その場でプリントアウトしたりできます．

●大型映像装置トークショー

今シーズンより設置された大型映像装置２基を利用し，トークショーを実施しました．

（出所）鹿島アントラーズHP　Connected　Stadium.

スポーツ経営人材の育成・活用

日本のスポーツ界においては，スポーツ経営人材の育成・活用は早急の対応が求められている．スポーツが産業化することにより，競技のみならず，経営マネジメントのノウハウが必要である．この部分に関して日本のスポーツ界は非常に弱いと言わざるを得ない．この問題の解決策として最近ではスポーツ界以外の外部人材を登用するケースが増えている．2020年東京オリンピック・パラリンピックの開催やプロスポーツの台頭などおかげで，スポーツとは関係のない一般企業での実務経験がある者や弁護士や会計士等の有資格者など，ビジネス経験のある者がスポーツビジネスに興味を持ち始めていることは大変喜ばしいことであるが，スポーツビジネスの難しいところは一般企業のセオリーが通用しない場合がある．プロスポーツの最大の商品は「勝つ」ことである．顧客はその勝利を１番に求めている．しかしその勝利は偶発的な要素が非常に強い．いくら資金を投入しても負ける時もある．しかも

経営を1番圧迫する選手人件費を削減すれば必然的に勝利は遠のく. そのため経営を安定させるためには,「勝利」以外の部分にも収益の柱を作らなければならない. 勝てば顧客は増えるのは当たり前であるが, そこだけが頼りでは経営はギャンブルに過ぎない. 理想は勝てなくても顧客から応援してもらえる仕組みを作ることである.

　一般的な経営ノウハウを持っていることと同時に, スポーツ特有の偶発性, そして公共性や地域性が優先されるビジネスであることまでも理解できる人材の育成がスポーツを産業化させるためには急務である. そのため近年では大学においてスポーツマネジメント学部・学科・コースなどが新設されたり, またスポーツマネジメント経営人材を育成する専門的な機関など続々と誕生している.

〔大学の例〕
東洋大学法学部企業法学科スポーツビジネス法コース
学習内容
　スポーツ界におけるリスクマネジメント
　アスリートとスポンサーの契約
　肖像権とパブリシティー権〜プライバシーとアスリートの権利
　オリンピックと放映権・商標権
　イギリスとアメリカと日本のスポーツ法の違い
　アスリートの税務会計
　スポーツ競技大会の運営
　地方自治体におけるスポーツ振興等

（出所）東洋大学法学部企業法学科HP.

〔専門機関の例〕
公益財団法人スポーツヒューマンキャピタル（Sports Human Capital：SHC）

■ビジョン

「豊かなスポーツライフ実現の原動力となる」

■ミッション（使命）

発掘する

「スポーツ組織の経営に貢献できる人材を見出す」

磨く

「スポーツの現場発のコースを設計し，提供する」

「継続的な振り返りにより，学びの進化を追求する」

輩出する

「スポーツ組織に貢献する人材を供給し続ける」

築く

「国内最高のスポーツ人材ネットワークを構築する」

「スポーツビジネスの人材領域の知的資産を整理，蓄積する」

（出所）公益財団法人スポーツヒューマンキャピタルHP.

　このような大学や専門機関があることは大変喜ばしいことであるが，人材を育てる中で考えなければならないことは，その出口（就職先）である．現状，どんなに高度な知識を身につけたとしても，その就職先がまだまだ少ない．それを活かせる場所が少ないのである．特に給与面などにおいては，満足いかない場合も多いし，労働環境も良い環境とは言えない．スポーツ産業を成長させるためには，先ず人材が必要であるが，その人材が活躍できる場所もたくさん作らなければならない．卵が先か，鶏が先か，大変難しい問題ではあるものの，その両方を同時に解決していかなければならないのである．

新たなスポーツビジネスの創造・拡大

　新たなスポーツビジネスについては先述したスタジアム・アリーナビジネスを始め，最近注目のスポーツ×旅行のスポーツツリーズムがある．また各ス

ポーツメーカーは，スポーツ×ファッションとして，競技性ではなくファッション性を意識した商品展開も始めている．さらにマラソンブームによるマラソンシューズの売れ行きが好調であり，またスーツにスニーカーといった「歩く」ことを意識し，健康志向を取り入れた新しい取り組みもスポーツ庁から始まっている．

〔"歩く"をもっと"楽しく"『FUN＋WALK PROJECT』開始〕

スポーツ庁　平成29年10月２日

　第１弾は「スニーカー通勤」など"歩きやすい服装"を推奨するキャンペーンを，来春にスタート

　2017年10月に２周年を迎えるスポーツ庁は，ビジネスパーソンのスポーツ参画人口拡大を通じて国民の健康増進を図る官民連携プロジェクト『FUN＋WALK PROJECT』をスタートさせます．歩くことをもっと楽しく，楽しいことをもっと健康的なものに変えていくプロジェクト，『FUN＋WALK PROJECT』．スポーツ参画人口の拡大を通じて，国民の健康増進を目指します．

　国民の成人の週１回以上のスポーツ実施率は全体で42.5％ですが，20代から40代に限ると30％台前半となっています．第２期スポーツ基本計画では，成人の週１回以上のスポーツ実施率を65％程度まで引き上げることを目標としており，そのためにはこの世代（ビジネスパーソン）の実施率を引き上げることが重要です．そして，同じ調査では30代・40代の約８割が「運動不足を感じる」と回答しています．運動不足を感じつつも，忙しくて，スポーツをする時間の取れない働き盛り世代に対する環境整備が必要です．

　また，国民医療費が40兆円を超える現在，スポーツを通じた健康増進は，国民医療費の抑制，健康寿命の延伸への貢献も期待されます．

　そこで，スポーツ庁は，普段の生活から気軽に取り入れることのできる「歩く」に着目し，「歩く」に「楽しい」を組み合わせることで，自然と「歩く」習慣が身につくようなプロジェクト「FUN＋WALK PROJECT」をスタートさせ

ます．ビジネスパーソンを中心に2020年東京オリンピック・パラリンピックに向けた国民全体の取組として，本格的なスポーツをする人のみならず，日々の暮らしの中で気軽に体を動かす人も含めて，スポーツ参画人口の拡大を進めていきます．

　「FUN＋WALK PROJECT」の来春からの本格的なスタートに向け，WEBサイトの開設やデモイベントの実施等，民間企業・団体とも連携しながら社会全体を盛り上げ，活動の普及啓発を行っていきます．2018年3月からは，日常生活の中での「歩く」を促進するためのキーアクションとして，「スニーカー通勤」など"歩きやすい服装"を推奨する第1弾キャンペーンを開始します．

　「FUN＋WALK PROJECT」では，1日の歩数を普段よりプラス1,000歩（約10分）することを目指し，まずは1日8,000歩（国民の平均歩数は男性7,194歩，女性6,227歩）を目標とします．日常的に気軽に取り入れられる運動「歩く」を通じて，スポーツ参画人口の拡大を図り，国民の健康増進につなげていきます．

■プロジェクト概要

　プロジェクト名:FUN＋WALK PROJECT（ファン プラス ウォーク プロジェクト）

　目的：「歩く」習慣の定着などスポーツ人口の拡大を通じた健康増進

　アクション：スニーカー通勤など"歩きやすい服装"での通勤

　奨励歩数：1日の歩数を普段よりプラス1,000歩（約10分）

　　　　　　1日当たりの目標歩数は8,000歩

　事業内容：（1）事業の推進

　　　　　　ビジネスパーソンの日常での「歩く」習慣の定着促進（運動促進）

　　　　　　※「歩く」を促進するための"歩きやすい服装"での通勤の奨励

　　　　　　（2）企業，自治体との連携

　　　　　　各業界団体，自治体と連携し，全国的な国民運動としての普及を目指す

（３）プロジェクトサイトの運営

参考の通勤スタイルの提示／歩くことで得られる効果の紹介／

各企業での取組紹介

（４）プロジェクト普及イベントの実施

（５）プロジェクトアプリの開発

ユーザーの"歩く"を促進するアプリを開発中.

全国のご当地キャラとコラボ予定.

（出所）スポーツ庁HP「平成29年度の報道発表資料」.

　さらにスポーツが産業化していく中で，従来のスポーツのみならず，新しい分野に目を向ける必要があるだろう．そこで今，注目が集まっているものがeスポーツである．

　日本におけるeスポーツの統括団体である一般社団法人日本eスポーツ連合（JeSU）のHPに「eスポーツ（esports）」とは，「エレクトロニック・スポーツ」の略で，広義には，電子機器を用いて行う娯楽，競技，スポーツ全般を指す言葉であり，コンピューターゲーム，ビデオゲームを使った対戦をスポーツ競技として捉える際の名称，との説明がある．世界的にかなり大きなマーケットであり，eスポーツ世界大会の視聴者はMLBワールドシリーズやNBAファイナルよりも多い.[4] 欧米では1回の優勝賞金が1億円を超えるものがあり，世界全体の市場規模は約1000億円程度あるとされ,[5] また諸外国ではeスポーツのプロリーグがありプロ選手も存在する．日本でもようやくそのeスポーツに注目が集まり始めてきた．今までいまいち盛り上がらなかった理由の1つに日本の厳しい法規制があるからだと言われている.eスポーツにおいて賞金がかけられる場合,日本では景品表示法に違反する恐れがあることや賭博罪に該当するのではないかという疑念が持たれ，多額の賞金設定をすることができなかった．今後eスポーツが日本で発展するためにはこの法規制をしっかりとクリアできる仕組みを構築していかなければならない．そのためにもゲームがスポーツであるとの

認識を広く周知していく必要があり，その足掛かりとなるべく2018年アジア大会（ジャカルタ）では公開競技として採用され，日本代表も選出されている[6]．また2018年現在，IOCはeスポーツをオリンピック競技に入れるかどうかを検討しているようである[7]．

このように世界中でeスポーツが盛り上がりを見せている中，Ｊリーグは2018年３月30日から「明治安田生命eJ.LEAGUE」を開催した．Ｊリーグ各クラブもeスポーツ部門をクラブ内に設置し，eスポーツ界に新規参入を果たしている．

〔Ｊリーグ　ｅスポーツ大会「明治安田生命eJ.LEAGUE」を初開催〜優勝者は「EA SPORTS™ FIFA 18 Global Series Playoffs」へ参加〜〕プレスリリース

Ｊリーグは，2018年３月30日（金）より，ｅスポーツ大会「明治安田生命eJ.LEAGUE」を開催いたします．Ｊリーグがeスポーツの大会を開催するのは初めての試みとなります．Ｊリーグは1993年の開幕より一貫して，「豊かなスポーツ文化の振興及び国民の心身の健全な発達への寄与」という理念を具現化するため，Ｊ１からＪ３までの３部制のリーグを創設し，ホームタウンを中心とした活動を行い，多くのファン・サポーターにスポーツが身近にあるライフスタイルを提案してきました．開幕25周年を迎えたＪリーグがｅスポーツの分野に進出するのは，より多くの方々にスポーツの魅力を提供していくことを目的としています．近年盛り上がりを見せているｅスポーツは世界で約１億人がプレーをしていると言われ，2022年に中国の杭州市で行われる「アジア競技大会」では正式種目として採用が決定しています．日本国内ではサッカーをテーマにしたeスポーツの大会が開催されており，老若男女問わずサッカーが楽しまれています．Ｊリーグでは，これまで同様スタジアムでの試合観戦機会を提供すると同時に，eスポーツの世界でもサッカーの魅力を伝えていきます．今回，開催する大会は，エレクトロニック・アーツ社（以下EA）のゲーム「EA SPORTS FIFA 18」のFUTモードによって実施．予選ラウンドと決勝ラウンドで優勝が争われます．なお，優勝者には国際サッカー連盟（FIFA）が主催す

る，公式eスポーツ大会「FIFA eWorld Cup 2018」の世界予選である「EA SPORTS™ FIFA 18 Global Series Playoffs」（以下Global Series Playoffs／2018年6月開催）への参加権が与えられます．

（出所）JリーグHPプレスリリース　2018年3月9日．

　また，プロ野球（NPB）でも野球ゲーム「実況パワフルプロ野球（パワプロ）」で対戦する「eスポーツ」のプロリーグが2018年11月から開幕した．12球団に所属する各3人のプロゲーマーが選手となり，11〜12月のペナントレースを経て，「e日本シリーズ」で日本一を決めることになる[8]．

　現在ではリアルなスポーツを超えるほどのマーケットを持つeスポーツがこれからどこまでその勢力を伸ばしていくのか，またスポーツとして市民権を得ることができるのか，さらにリアルなスポーツとの関連性はどこまで広がるか，など数々の注目が集まっている．

　またJリーグ（サッカー），Bリーグ（バスケットボール），Tリーグ（卓球）に続き，2018年，Mリーグという新しいリーグが誕生した．Mリーグとは，麻雀のプロリーグであり，数多の麻雀プレイヤー達の中から，ほんの一握りのトッププロだけが出場できるナショナルリーグである．麻雀のプロスポーツ化を目的に発足した．通常のスポーツリーグのようにチーム同士の対戦であり，チームに所属する選手はプロ契約を結ぶ．所属選手は「Mリーガー」と呼ばれ年間のリーグを戦い優勝を争うのである．

〔Mリーグの設立背景・目的〕

　日本国内において麻雀が親しまれ，現在プロ団体に所属するプロ雀士は数千人にものぼると言われる一方で，博打のイメージが強いことやそのルールの複雑さなどが理由で，長年，麻雀における社会的地位の向上が進まないという歴史がありました．しかしながら2017年4月，麻雀は国際マインドスポーツに認定され，近年はオンライン麻雀ゲームや麻雀の対戦が視聴可能なインターネット動画が登場，また認知症予防に効果があるとして高齢者を中心に健康麻雀が

人気となるなど，麻雀の幅広いファン層獲得の追い風となっております．このほかにも，eスポーツがプロ化されるなど近年，多様なスポーツが幅広い方に楽しまれており，このたび麻雀のプロスポーツ化を目的に設立された一般社団法人Mリーグ機構では，プロ麻雀リーグ「Mリーグ」の発足を通じて日本国内においても麻雀の競技化，健全化を図り，麻雀自体の社会的地位の向上及び認知の拡大，新たなファンの獲得を目指します．

（出所）一般社団法人MリーグHP「Mリーグ発足のお知らせ」．

問われるスポーツの意味

eスポーツやMリーグのような従来のスポーツという概念からは想像できないものが今，スポーツとして注目を集めているが，果たしてゲームや麻雀はスポーツなのであろうか．eスポーツがオリンピック競技になるか，ならないかの議論の中にもゲームはスポーツではないという声もある．確かにゲームは私たちが想像する一般的なスポーツとはかけ離れたものであると言えるのかもしれないが，しかしスポーツ本来の意味は，「楽しみ」や「余暇」であることを鑑みれば，これらもスポーツと言えるのではないだろうか．人間が楽しむものや余暇に行うもの，そして競い合うもの，という本来の意味から考えれば，ゲームも麻雀も全てスポーツであるし，釣りやチェス，カードゲーム，将棋，囲碁なども同様に考えることができるだろう．例えばサッカーで有名なドイツブンデスリーガの強豪バイエルンミュンヘンには，バスケットボールやハンドボールと並び，チェスのチームが存在する．

〔バイエルンミュンヘン　チェスチーム主要データ抜粋〕

【創　立】　1908年

【会員数】　104人

【獲得タイトル】　ブンデスリーガ1部昇格：2008年

　　　　　　　　ヨーロッパカップ優勝：1992年

　　　　　　　　ドイツ国内リーグ優勝：9度（1976年〜1994年）

【チーム】 男子　5チーム　　女子　1チーム　ユース　1チーム

【所属リーグ】　男子：ブンデスリーガ1部

女子：ブンデスリーガ2部

ユース：ランデスリーガ・ズュート

【トレーニング】　成人：金曜日 19：00〜（学校休暇中は除く）

ユース：火曜日 13：30〜15：45（Wilhelm−Hausenstein −Gymnasium）

（出所）バイエルンミュンヘンHPより筆者編集.

　私たちは従来，体を動かして行うものをスポーツと捉えてきた．むしろゲームなどはその対極にあるもので「ゲームばかりしていないで，スポーツでもしなさい」と全く別のものという認識であった．しかしスポーツ本来の意味を考えれば体を動かすものだけがスポーツではない．スポーツは楽しみであり余暇であり，そして競い合うことを鑑みればスポーツの範囲はもっと広く考えられるはずである．ゲームもマージャンもスポーツなのである．

　現在，スポーツ庁はスポーツに関心がなかった者の意識向上を目指し，新しいスポーツのスタイルを提案しており，例えば「健康×スポーツ」,「IT×スポーツ」,「観光×スポーツ」,「ファッション×スポーツ」,「エンタメ×スポーツ」,「文化芸術×スポーツ」など様々な分野とスポーツのコラボレーションを検討している．そして1億総スポーツ社会【自発的にスポーツに取り組み自己実現を図り，前向きで活力ある社会と絆の強い世界を創る】の実現を目指し，スポーツの価値を高め，日本の未来にレガシーを残すことを大きな目標としているのである．

注

1）地方自治法第244条の改正により2003年からスタートし，公の施設のより効果的・効率的な管理を行うため，その管理に民間の能力を活用するとともに，その適正な管理を確保する仕組を整備し，住民サービスの向上や経費の節減等を図ることを目的とする.

2）ガンバ大阪は民間寄附による建設と指定管理者制度，横浜DeNAベイスターズはスタジアム管理会社を買収した．

3）情報通信技術．information and communication technologyの略．2000年代前半まではIT（information technology）がほぼ同一の意味で使われてきたが，国際的にはICTが広く使われており，日本でもICTが併用されるようになった．そもそもICTは広範な意味をもつことばであり，サーバー，インターネットなどの技術だけでなく，ビッグデータ，ソーシャルメディアなどのサービスやビジネスについてもその範囲に含めることが多い．

4）テレビ東京ワールドビジネスサテライト「世界が熱狂「eスポーツとは」」2017年5月29日放送．

5）テレビ東京ワールドビジネスサテライト「世界が熱狂「eスポーツとは」」2017年5月29日放送．

6）eスポーツは次回の2022年アジア大会（杭州＝中国）では正式競技に加わる．

7）但し，暴力性のあるゲームなどは競技として認められないとIOCのトーマス・バッハ会長は言っている．

8）『日本経済新聞』2018年11月10日社会．

11 *sports culture*
日本のスポーツ文化

　欧州のスポーツ文化と日本のスポーツ文化

　スポーツ文化という言葉自体，古くから使われ，本来その意味は深いもので
あるが，私たちが常日頃この言葉を意識するようになったのは，1993年のJリー
グ開幕があったからだと記憶している．それまでの学校体育や部活動，企業ス
ポーツなど私たちが信じて疑わなかった日本スポーツの枠組みに少しずつ歪が
生じ，このままではいけないと誰もがそう思い始めたとき，Jリーグは欧州の
スポーツ文化を日本に輸入し，地域に根付くスポーツクラブという新しい枠組
みを提唱したのである．バスケットボールのBリーグも，Jリーグと同様，チー
ム名から企業名を外し，[1]地域名を付けることを義務とし，ホームタウンを設定
した．またプロ野球においても2004年の球界再編問題以降，チーム名に地域名
を付し，地域密着を掲げ，ファンサービスを第1とする球団も増えてきた．そ
して2000年にはスポーツ振興基本計画がスタートし，総合型地域スポーツクラ
ブの創設が現在でも行われている．

　紆余曲折はあるものの，近年は概ね欧州のスポーツ文化を参考に日本のス
ポーツ政策が推し進められてきた．しかしここで今一度考えなければならない
ことがある．それは欧州のそれをただ真似するだけでいいのか，という問題で
ある．

　Jリーグが掲げた百年構想．当時はなぜ100年もの長い期間が必要なのか，と
いう疑問もあったが，それは欧州のスポーツ文化でさえも現在に至るまでに

100〜150年の時間を要したからである．それを0から実現するにはやはり100年単位で物事を考えなければならない．Jリーグがスタートしてから約25年，総合型地域スポーツクラブ（スポーツ振興基本計画）は約18年が経過しようとしているが，果たして現在，欧州のスポーツ文化の4分の1以上のものが日本に出来上がっているのだろうか．実際Jリーグでは未だ企業の支援に頼るクラブも多く，その支援がなくなった途端，経営が危ぶまれるクラブは少なくない．逆に企業の傘下に入るクラブも現れている．総合型地域スポーツクラブは約3500程度あると言われるが，自主運営で経営できているクラブは果たしてどれだけあるだろうか．未だ地方自治体の支援を受けなければ続けられないクラブや，ほとんど活動できていないクラブも多数あるのが現実だ．残念ながら日本の新しいスポーツ文化は，まだまだと言わざるを得ないだろう．

現在，道半ばではあるものの，果たして欧州の物まねでいいのだろうか，ということは，今一度あらためて考えなければならない．欧州には欧州の，アメリカにはアメリカの，そして日本には日本の歴史や国民性，慣習，法律などがある．その部分を無視して物まねをしても決してうまくいくはずはない．自らの足りない部分を他の成功事例を参考にすることは大変重要であるが，その前にまずは自らの姿を今一度理解する必要があるだろう．学校部活動の問題やスポーツにおける企業の撤退問題，スポーツ団体のガバナンス・コンプライアンスの問題，さらには少子高齢化や医療費の増大，子育て，介護，地方の活性化，震災等の日本社会が抱える様々な問題を全て考慮した中で，私たちスポーツができることは何なのか，その中で変えるものと，変えなくてもよいものを取捨選択し，新しい日本のスポーツ文化を構築していかなければならない．

スペインのサッカーといえばレアルマドリードとFCバルセロナが有名である．この対戦カードは「クラシコ」と呼ばれスペインのみならず欧州，さらには世界中の注目を集めるが，この対戦は単にビッグクラブ同士の戦いだから盛り上がっているのではなく，そこにはスペイン国内の複雑な歴史が前提になっているからこそ異常な盛り上がりを見せているのである．またドイツのサッ

カーブンデスリーガは世界のサッカーリーグの中で最も多い集客数を誇る．サポーターは地元のクラブを愛し，クラブとともに生活をしている．しかしここにも古くから地域のスポーツクラブが地域住民のコミュニティとして機能しており，たとえプロチームであっても地域のクラブであるということがドイツの熱狂的なポーターを生んでいるのである．

　このように日本とは違う歴史を歩んできた欧州のスポーツ文化をそのまま持ってきただけでは到底うまくいくはずがない．だからこそそれらを参考にし，日本の歴史や国民性，慣習，法律等を踏まえた上で，新しい日本独自のスポーツ文化を作り上げていかなければならないのである．

スポーツの果たすべき役割や意義

　現在，日本のスポーツ界が抱える問題は様々ある．しかしこれらの問題を考えるうえで 0 か100の二者択一を迫られているような気がしてならない．「温故知新[5]」という言葉があるように，日本のスポーツ界について今一度その特徴や歴史，文化を理解し，その中から日本流の新しいスポーツの形を発見していく必要があるのではないだろうか．例えば企業が主導する総合型地域スポーツクラブがあっても良い．また企業名が入っているプロスポーツがあっても良い．部活動をやりたい先生はやれば良いし，やりたくない先生はやらなくてよい．そのどちらかではなく，どのどちらも活かせるような新しい仕組みを考えればよいのである．

　2020年以降，日本のスポーツ環境は大きく変わっていくことだろう．2020年東京大会の開催によりスポーツへの関心や機運が一層高まり，またスポーツインフラが整備されることで，スポーツをする環境がより良いものになるだろう．しかし私たちは2020年東京大会を一過性のイベントと捉えず，日本スポーツ界の将来にわたる発展の第 1 歩と考えなくてはならない．メダルの数を気にするのもいいが，それよりも大きな視点で2020年東京大会を捉えていかなければならない．第 2 期スポーツ基本計画の 4 つの指針にもあるように，スポーツが私

たちの「人生」を「社会」を変え，「世界」とつながり，そして「未来」を創ること，これこそが本来スポーツが持つ魅力なのである．

〔第2期スポーツ基本計画4つの指針〕
（1）スポーツで「人生」が変わる！
（2）スポーツで「社会」を変える！
（3）スポーツで「世界」とつながる！
（4）スポーツで「未来」を創る！

(出所) スポーツ庁 [2017].

スポーツは選ばれた者しかできないものではない．自らで辞めるまでスポーツに引退は無い．スポーツは本来楽しいものであり，決して殴られ，蹴られてするものではない．そして勝利だけがスポーツの価値ではない．このようなスポーツ本来の意義が2020年東京大会を通じて多く人々に周知，理解されていくことが重要である．逆を返せばそれだけスポーツの果たすべき役割や意義は大きいのである．

2020年以降に向けて私たちができること

2020年以降，日本のスポーツ界，ひいては日本社会はどのようになっていくのだろうか．2019年現在，私たちは2020年のことばかりでその先を想像をすることも，ましてやそこを見据えて行動をすることもなかなかできない．新聞やテレビでは少子高齢化，子育てや介護，医療費の増大，諸外国との関係など，様々な諸問題を抱えている．2020年東京大会開催の決定においては多額の費用が使われ一時，問題視されてきたが，兎にも角にも2020年までは希望と期待を胸にこのまま推し進められることだろう．しかし2020年以降はそうはいかない．もしかしたら逆風にさらされるかもしれない．そうならないためにも私たちは2020年以降のことを真剣に考えなければならないのである．

スポーツ界の度重なる不祥事，パワハラ，セクハラ，差別，体罰や暴力など

の問題が絶えない現状において，スポーツは私たちの暮らしに必要不可欠なものなのだろうか．少なくとも旧態依然とした悪しき習慣が続くようであれば，スポーツは必要不可欠なものとは言えない．そうならないためにも私たちができることは何だろうか．2020年東京大会は，その答えを探すきっかけになるはずである．多くの人々がスポーツの価値を真剣に考える契機になるはずである．そして2020年以降もその答えを探すために私たちが真剣にスポーツに向き合っていくことが重要なのである．

　今，2020年東京大会を通じて，スポーツ自体の存在価値が問われている．そこには疑念も混ざっているかもしれないが，私たちはこれをチャンスと捉えなければならない．今こそ日本スポーツ界の新しい姿を真剣に考える時なのである．

　2020年東京大会は，新しい日本のスポーツ文化の幕開けなのである．

注
　1）法人名には企業名が残る場合もある．
　2）100％完全子会社化や過半数の株式を企業に握られるクラブは少なくない．
　3）スペイン語で「伝統の一戦」（英語で言うところの"The Classic"）．
　4）スペインの内戦からフランコの独裁など．
　5）前に学んだことや昔の事柄をもう一度調べたり考えたりして，新たな道理や知識を見い出し自分のものとすること．

おわりに

　日本におけるアート作品の保存を検討する上で，興味深い問題が東京で2つ発覚した．1つは，東京大学生協中央食堂における宇佐美圭司の絵画が廃棄処分された事件．もう1つは，世界的に著名なストリートアーティストのバンクシーの作品に似た落書きが防潮扉で発見され，東京都がアルミ製の板を取り外し倉庫で保管していることである．

　廃棄と保存という，東京大学と東京都でまさに対照的な対処方法であった．

　東京大学は，2017年9月，生協中央食堂における改修工事の際に，食堂に飾られていた宇佐美圭司の作品である「きずな」を廃棄処分していた．絵画「きずな」は食堂が竣工した1977年に設置され，生協が所有していた．食堂の改修にあたっては担当教授が監修したものの，内部に権限が及ばず廃棄が見過ごされたという．

　一方，東京都は，バンクシーの作品に似た絵がゆりかもめの日の出駅近くの防潮扉（東京・港区）で見つかり，本物かどうかを調査している．ネズミのような動物が傘を持っているA４サイズほどの大きさの絵で，東京都は2019年1月16日に描かれた部分のアルミ製の板を取り外し，倉庫で保管している．現場は東京都港湾局が管理する設備だったが，本物ならば文化的価値があるとして，現在は東京都生活文化局が中心となり対応している．生活文化局が取り外したのは「本物なら扉が盗まれたり，絵を消されたりしかねないためだ」という．今後，専門家に相談し，本物かどうか調べるそうだ（朝日新聞デジタル2019年1月17日）．バンクシーでなければ，他人の敷地や公共施設に忍び込んでの落書きは，法律上，不法侵入や財産棄損などの犯罪行為に当たるのだが，バンクシーとなると対応が大きく違うものである．

　同じ東京という文字が名称につきながら，東京大学と東京都で廃棄と保存と

いう対照的な対応だったのが興味深い. 公共空間に設置された芸術作品の管理・保存を巡る問題は以前からあったが, この2つの事件を機にさらに広く注目されることだろう.

　それにしても, "落書き" ということでは, 芸術の保存において後進と言わざるを得ない日本において, 異例の対応を実現させたバンクシーという人物は特に興味深い. バンクシーは素顔も本名も不明なアーティストで, 英国ロンドンを中心に活動している. 街なかの建物などにメッセージ性の強い作品を描くのが特徴で, 2017年もオークションで落札された作品を直後にシュレッダーで細断し話題となった. バンクシーは他人の敷地や公共施設に忍び込み, スプレーで吹き付けるステンシル画法で「落書き画」を残すことで有名な覆面画家である. 英国でも落書きは不法侵入や財産棄損など法律上は犯罪行為にあたるが, その芸術性の高さや平和を訴えるメッセージが評判を呼び, オークションで高値がつく人気アーティストとなった.

　1990年代は警官から逃げ回りながらゲリラ制作を続け, 反戦や解放をモチーフとした風刺に満ちた画風で専門家の評価を獲得した. ロンドン・イシリングトンにある薬局の外壁に描かれたバンクシーの壁画は, 20万ポンド以上の鑑定結果を受け, 通行人の記念撮影の名所となっている. 壁画鑑賞のついでに立ち寄る買い物客が増えるなど思わぬ経済効果も出ている. バンクシーの壁画作品は, 財産棄損という犯罪行為どころか, 建物の財産価値を急騰させている. そのため, イシリングトン自治会は風雨による壁画の損傷を防ぐ透明版を域内にある約20のバンクシー作品にかぶせる保全活動を実施している. 現在は, ロンドンの画廊が代理人となり, 落書き以外の展覧会も開かれるようになった. 老舗画廊も扱い始め, アウトサイダーから一気にメインストリームに駆け上がるバンクシーの才能には脱帽せざるを得ない. 現代におけるサクセスストーリーだといえる.

　日本におけるアート支援ということでは, 2つ紹介したい. 1つは, 芸術家を個人的に支援する少額の「パトロン」サービスである. もう1つが大阪市

における支援体制である．少額のパトロンサービスとは，イラストや音楽など
の創作活動をするクリエイターと支援したい人をつなげるインターネット上の
サービスである．支援者は毎月決まった額を送り，見返りとして一般公開され
ていない投稿を閲覧できたり作品を受け取れたりする．高価な作品を買うのは
ハードルが高いが，月数百円から継続的に支援できるため人気を集めている．
日本人は金銭的な支援をためらう人も多いが，近年ではインターネット上で小
口資金を募るクラウドファンディングや「SHOWROOM」に代表されるライ
ブ配信の投げ銭機能が浸透している．以前より環境が受け入りやすくなってい
るため，IT社会ならではの現代的な個人による支援策として大いに期待できる．

　行政における支援体制としては，大阪市の柔軟な運営形態を取り上げたい．
現在，全国に約4300ある公立博物館のうち約7割は自治体が直接運営し，約3
割は指定管理者制度で運営している．大阪市では，大阪市立の博物館・美術館
5館の運営を，2019年春から指定管理者制度から地方独立行政法人へ移行する．
ミュージアムとしては全国初の試みだ．一方で，指定管理を維持する施設も併
存させる．運営形態の最適解を探る大阪市の取り組みに今後注目が集まる．
　地方独立行政法人化するのは大阪歴史博物館，市立美術館，東洋陶磁美術館，
自然史博物館，市立科学館の5館．2019年春から，大阪市が設置する地方独法「大
阪市博物館機構」に運営を移す．理事長にはＪＲ西日本会長の真鍋精志氏が就
任し，2020年度に開設する新美術館も傘下に入る．
　博物館や美術館には，長期的な視点で調査研究や展示企画に取り組む専門家
が欠かせないが，指定管理者制度ではそうした人材の確保と育成が難しかった．
指定管理者制度は公的施設に民間ノウハウを導入し，コスト削減とサービス向
上を図る狙いで始まったが，通常3〜5年で契約更新を重ねるため，新規の採
用者は原則，有期任用となる．2019年春独法化する5館でも，計約60人いる学
芸員のうち，すでに期限つきの採用が2割弱を占めていた．これでは長期的な
人材育成は困難である．

おわりに　　137

歴史，美術，自然科学と分野の異なるミュージアム群を一体化できる経営も注目されている．5館は都心部に集積し，年間入館者数は計200〜250万人と増加傾向にある．また，動物園も博物館法が定める博物館の一種である．大阪市が直営する天王寺動物園も2018年夏に，有識者懇談会が「地方独立行政法人化が最適」との結論を出した．2019年度に具体案を検討し出す．これも全国で最初の試みとなる．人材やノウハウを共有し，利便性や魅力を高められるほか，歴史，美術，自然科学と分野における周遊パスなどの相乗効果が期待できる．

　地方独立行政法人化が唯一の道ではないと5館には合流せず，指定管理者制度を続ける博物館が大阪市内に2つある．大阪城内にある歴史博物館「大阪城天守閣」と大阪市立住まいのミュージアム「大阪くらしの今昔館」である．大阪城天守閣は2015年度から大和ハウス工業など5社が共同で指定管理者となり，大阪城公園と一体的に経営しているが，館長ら学芸員5人は市職員の身分で勤務を続けている．学芸部門を指定管理から分離して自治体が直営すれば，地方独立化せずとも指定管理の欠点は補えるという．同じ方式は島根県をはじめ愛媛県や山梨県が導入している．大阪城公園では2020年の長期契約を結ぶことで計51億円の投資を呼び込み，公園内に飲食物販などの施設を充実．天守閣も，戦国・安土桃山期の武士の文化の紹介に特化した展示が外国人旅行者の人気を集め，2017年度の入館者数は全国トップ級の275万人に向上している．

　大阪市立住まいのミュージアム「大阪くらしの今昔館」も，指定管理者制度を維持する．住宅相談などを担う施設内で運営しており「博物館だけ分離するのは難しい」（谷直樹館長）ためだ．こちらも江戸期の町並みを再現した展示がインバウンドの波に乗り，2017年度の入館者は約59万人と，2001年の開館時の4倍を超えているそうだ（『日本経済新聞』朝刊36面，2018年11月17日）．

　地方独立行政法人化と指定管理者制度のどちらが良いかという問題ではなく，運営形態に挑戦しその地域における最適解を見つけることが大切である．これまで選択肢があまりにも少なかった．これからが行政としてどのように芸術・文化活動を支援していくかが重要となる．バンクシーのように落書きがアート

になる時代である．八百万の神が存在する日本であれば，適材適所の最適解を探り当てることができるのではないかと考える．柔軟に全国に先駆けて実践する大阪市の文化支援活動に大いに期待している．

謝辞

本書の帯文には，猪谷千春IOC名誉委員にご協力いただきました．心より厚く御礼申し上げます．

2019年3月　平成最後の冬，芸術文化の都・パリのPlaza Atheneeにて

相 原 正 道

参 考 文 献

新井博・榊原浩晃［2012］『スポーツ歴史と文化　スポーツ史を学ぶ』道和書院.

内海和雄［2012］『オリンピックと平和 —— 課題と方法 ——』不昧堂出版.

太下義之［2015］「オリンピック文化プログラムに関する研究および「地域版アーツカウンシル」の提言」『季刊政策・経営研究』Vol.2 － 3 合併号, 三菱UFJリサーチ＆コンサルティング.

木村めぐみ［2018］「英国式イノベーションの20年」『WORK MILL』5 （13）.

経済産業省・スポーツ庁［2016］「スポーツ未来開拓会議 中間報告 —— スポーツ産業ビジョンの策定に向けて ——」.

杉山茂・岡﨑満義・上柿和生編［2009］『企業スポーツの撤退と混迷する日本のスポーツ』創文企画.

スポーツ庁［2017］「第 2 期スポーツ基本計画」.

関口英里［2009］「東京オリンピックと日本万国博覧会」, 老川慶喜編『東京オリンピックと社会経済史』日本経済評論社.

セルジオ越後［2016］『補欠廃止論』ポプラ書院.

東京文化資源会議編［2016］『TOKYO 1 ／ 4 と考える　オリンピックの文化プログラム』勉誠出版.

日本体育協会［2014］「学校運動部活動指導者の実態に関する調査」.

ヒンディ, N.［2018］『世界のビジネスリーダーがいまアートから学んでいること』（長高谷川雅彬監修, 小巻靖子訳）, クロスメディア・パブリッシング（インプレス）.

福田拓哉［2011］「わが国のプロ野球におけるマネジメントの特徴とその成立要因の研究 —— NPBの発足からビジネスモデルの確立までを分析対象に ——」『立命館経営学』49（6）.

ブロイヤー, C., 黒須充［2010］『ドイツに学ぶスポーツクラブの発展と社会公益性』創文企画.

―――― ［2014］『ドイツに学ぶ地方自治体のスポーツ政策とクラブ』創文企画.

舛本直文［2002］「近代オリンピック開会式にみる文化プログラム —— その歴史的展開と目

的性 ── 」『体育原理研究』32.

松平藏［2016］『ドイツの地方都市はなぜクリエイティブなのか　質を高めるメカニズム』学芸出版社.

間野義之［2013］『オリンピック・レガシー　2020年東京をこう変える！』ポプラ社.

─────［2015］『奇跡の３年　2019・2020・2021　ゴールデンスポーツイヤーズが地域を変える』徳間書店.

道重一郎［2009］「ロンドン・オリンピック」，老川慶喜編『東京オリンピックと社会経済史』日本経済評論社.

宮田由紀夫［2016］『暴走するアメリカ大学スポーツの経済学』東信堂.

文部科学省［2000］「スポーツ振興基本計画」.

文部科学省・スポーツ庁［2015］「平成27年度総合型地域スポーツクラブ育成状況調査」

谷塚哲［2017］『変わる！　日本のスポーツビジネス』カンゼン.

Gratton,C. and Preuss,H.［2008］"Maximizing　Olympic impacts by building up legacies." *The International Journal of the History of Sports*，25（14）.

ウェブ資料

IOC HP "Olympic　Games：Legacies　and Impacts"（https://stillmed.olympic.org/media/Document%20Library/OlympicOrg/Documents/Olympic-Legacy/Olympic-Games-Legacy-and-Impacts-Bibliography.pdf，2019年２月17日閲覧）.

IOC HP "Olympic Legacy Booklet 2013"（https://stillmed.olympic.org/Documents/Olympism_in_action/Legacy/2013_Booklet_Legacy.pdf，2019年２月17日閲覧）.

鹿島アントラーズHP「Connected　Stadium」（http://www.so-net.ne.jp/antlers/contents/connected-stadium/what-is-connected-stadium.html，2019年２月17日閲覧）.

三菱総合研究所HP「レガシーとは何か」（https://www.mri.co.jp/opinion/legacy/olympic-legacy/index.html，2019年２月17日閲覧）.

日本体育協会HP「「日本体育協会」から「日本スポーツ協会」への名称変更を正式決定」（https://www.japan-sports.or.jp/news/tabid92.html?itemid=3705，2019年２月17日閲覧）.

国税庁HP「職業野球団に対して支出した広告宣伝費等の取扱について」（https://www.nta.go.jp/law/tsutatsu/kobetsu/hojin/540810/01.htm，2019年２月17日閲覧）.

JOC HP「オリンピック憲章　Olympic Charter　2015年版・英和対訳」（2015年8月2日から有効）
（https://www.joc.or.jp/olympism/charter/pdf/olympiccharter2015.pdf，2019年2月17日
閲覧）．

スポーツ庁「運動部活動の在り方に関する総合的なガイドライン」平成30年3月（http://
www.mext.go.jp/sports/b_menu/shingi/013_index/toushin/1402678.htm，2019年2月17日
閲覧）．

文化庁「文化プログラム実施に向けた文化庁の基本構想」（http://www.bunka.go.jp/koho_
hodo_oshirase/hodohappyo/pdf/2015071701_besshi2.pdf，2018年11月20日閲覧）．

文部科学省HP「中学校学習指導要領・高等学校学習指導要領」（平成29年・平成30年）（http://
www.mext.go.jp/a_menu/shotou/new-cs/1384661.htm，2019年2月17日閲覧）．

ウェブサイト

一般社団法人MリーグHP（https://m-league.jp/）

公益財団法人スポーツヒューマンキャピタルHP（https://shc-japan.or.jp/）

公益財団法人東京オリンピック・パラリンピック競技大会組織員会HP（https://tokyo2020.
org/jp/）

公益財団法人日本サッカー協会HP（http://www.jfa.jp/）

公益財団法人日本スポーツ協会HP（https://www.japan-sports.or.jp/）

JリーグHP（https://www.jleague.jp/）

東京都生活文化局HP　NPOポータルサイト（http://www.seikatubunka.metro.tokyo.jp/houjin/
npo_houjin/）

東洋大学法学部企業法学科HP（http://www.toyo.ac.jp/nyushi/pdf/undergraduate/law/law_
feature_01.pdf）

独立行政法人日本スポーツ振興センターHP（https://www.jpnsport.go.jp/）

日本プロ野球選手会HP（http://jpbpa.net/）

日本野球機構HP（http://npb.jp/）

バイエルンミュンヘンHP（https://fcbayern.com/de）

BリーグHP（https://www.bleague.jp/）

《執筆者紹介》

相 原 正 道（あいはら　まさみち）［はじめに，第1章，おわりに］

　1971年生まれ．筑波大学大学院体育科学研究科スポーツ健康システム・マネジメント専攻修了．

　現在，大阪経済大学学長補佐，人間科学部教授．

主要業績

　『ロハス・マーケティングのスヽメ』木楽舎，2006年．『携帯から金をつくる』ダイヤモンド社，2007年．『現代スポーツのエッセンス』晃洋書房，2016年．『多角化視点で学ぶオリンピック・パラリンピック』晃洋書房，2017年．『スポーツマーケティング論』（共著），晃洋書房，2018年．『スポーツガバナンスとマネジメント』（共著），晃洋書房，2018年．『スポーツ産業論』（共著），晃洋書房，2018年．

谷 塚　　哲（やつか　てつ）［第2〜11章］

　1972年生まれ，早稲田大学大学院スポーツ科学研究科博士後期課程満期退学．

　現在，東洋大学法学部企業法学科助教，行政書士．

主要業績

　『地域スポーツクラブのマネジメント』カンゼン，2008年．『地域スポーツクラブが目指す理想のクラブマネジメント　ソシオ制度を学ぶ』カンゼン，2011年．『地域スポーツクラブの法人格を取得しよう！』カンゼン，2013年．『変わる！　日本のスポーツビジネス』カンゼン，2017年．

SPORTS PERSPECTIVE SERIES 4
スポーツ文化論

2019年5月20日　初版第1刷発行	＊定価はカバーに 表示してあります

著　者　　相　原　正　道 ©
　　　　　谷　塚　　　哲

発行者　　植　田　　　実

印刷者　　出　口　隆　弘

発行所　株式会社　晃　洋　書　房

〒615-0026　京都市右京区西院北矢掛町7番地
電　話　075 (312) 0788番代
振替口座　01040-6-32280

装丁　野田和浩　　　　　　印刷・製本　㈱エクシート

ISBN978-4-7710-3195-1

JCOPY 〈(社)出版者著作権管理機構委託出版物〉
本書の無断複写は著作権法上での例外を除き禁じられています.
複写される場合は, そのつど事前に, (社) 出版者著作権管理機構
(電話 03-5244-5088, FAX 03-5244-5089, e-mail: info@jcopy.or.jp)
の許諾を得てください.

相原正道・庄子博人・櫻井康夫 著
スポーツ産業論
A 5 判 120頁
1,600円（税別）

相原正道・上田滋夢・武田丈太郎 著
スポーツガバナンスとマネジメント
A 5 判 138頁
1,700円（税別）

相原正道・林恒宏・半田裕・祐末ひとみ 著
スポーツマーケティング論
A 5 判 128頁
1,500円（税別）

相原正道 著
多角化視点で学ぶオリンピック・パラリンピック
A 5 判 216頁
2,500円（税別）

相原正道 著
現代スポーツのエッセンス
四六判 220頁
2,500円（税別）

川上祐司 著
アメリカのスポーツ現場に学ぶマーケティング戦略
——ファン・チーム・行政が生み出すスポーツ文化とビジネス——
A 5 判 246頁
2,500円（税別）

谷釜尋徳 編著
オリンピック・パラリンピックを哲学する
——オリンピアン育成の実際から社会的課題まで——
A 5 判 246頁
2,500円（税別）

菊本智之 編著／前林清和・上谷聡子 著
スポーツの思想
A 5 判 168頁
2,200円（税別）

一般社団法人アリーナスポーツ協議会 監修／大学スポーツコンソーシアムKANSAI 編
ASC叢書1 大学スポーツの新展開
——日本版NCAA創設と関西からの挑戦——
A 5 判 214頁
2,400円（税別）

川上祐司 著
メジャーリーグの現場に学ぶビジネス戦略
——マーケティング、スポンサーシップ、ツーリズムへの展開——
四六判 184頁
1,900円（税別）

関 めぐみ 著
〈女子マネ〉のエスノグラフィー
——大学運動部における男同士の絆と性差別——
A 5 判 236頁
4,600円（税別）

クラウディア・パヴレンカ 編著／藤井政則 訳
スポーツ倫理学の射程
——ドーピングからフェアネスへ——
A 5 判 238頁
3,800円（税別）

晃 洋 書 房